GNU/Linux, Apache och Nätverk

# GNU/Linux, Apache och Nätverk

Andreas Önnebring

Hemsidan för den här boken finns på `http://onnebring.se/glan/`, där även källkoden finns tillgänglig i LaTeX-format.



Tryckt i EU 2013

Första utgåvan, andra tryckningen

ISBN: 978-91-86841-57-7

# Kapitelrubriker

# Innehåll

# Kapitel 1

# Inledning

## 1.1 Vad jag och andra gör

Systemadministratör. Uppgifter: Packa upp lådor med ny hårdvara. Slänga kartonger och frigolit. Fylla på papper i skrivare. Läsa och skriva mängder av mejl. Ibland långa nätter med problemlösning. Uppringd (läs väckt) på morgonen när något krånglar. Varför vill man då ha detta jobb? Tillfredsställelsen när ett problem får sin lösning. När alla fält i Nagios är gröna. När `w` säger mer än 200 dagar uptime och load på ungefär samma som antalet CPU:er. När memtest86+ slutar att visa röda rader. Eller när det är något nytt och häftigt i den där lådan man packar upp.

Att vara admin kan vara otacksamt. Gör man rätt märks man knappt. Gör en användare fel kan det bli en förstörd dag för den användaren; gör admin fel kan det bli en förstörd dag för hela företaget. Nertid kan snabbt kosta stora summor, men med förebyggande arbete kan effekterna minimeras, som att ha backup och redundans och att vara kunnig på det man gör. Det gäller att hitta en bra balans mellan förebyggande och akut arbete.

Du blir inte en bra admin av att läsa en bok. Men efter några års arbetserfarenhet och många lästa böcker, mejlinglistor och webbsidor kan du mer än många andra. Fast fullärd blir man aldrig, även med 15 års arbetserfarenhet kan det finnas en ung kille eller tjej som kan mer.

En fördel med GNU/Linux är att det finns otroliga mängder av dokumentation fritt tillgänglig. Om den inte finns som manualer eller annan text finns alltid den ultimata dokumentationen i form av källkod. Den kommer ju per definition alltid att beskriva hur programmet fungerar (men om det fungerar som det var tänkt är en annan sak).

Att vara root på en maskin är ibland som att vara en gud i liten skala. Man vet att # i prompten betyder att man kan göra allt. Man bestämmer över sin egen lilla del av Internet. Man kan kolla loggfiler och sniffa på nätverket. Men med makt följer ansvar. Lagom med nyfikenhet är bäst. Och vad root får och inte får göra bör finnas i en skriftlig policy.

Målet för serverdriften är ofta "five nines". Dvs 99,999 % upptid. Det blir max 5,2 minuter per år total nertid. Om man nöjer sig med 99,9 % blir det 8,7 timmar per år. Detta inkluderar såväl planerad som oplanerad nertid. Det är ju bara ny hårdvara eller kärna som kräver omstart av maskinen och går det bra blir det bara några minuter per år som servern är nere. Men som alltid när det gäller datorer får man tänka på Murphys lagar. Huruvida man klarat 99,999 procent kan Nagios visa. Och gillar man oregelbundna tider kan five nines vara roligare än nine to five.

Man bör automatisera så mycket som möjligt med cronjobb och annan övervakning. Även om det leder till färre jobbtimmar för dig att låta datorn göra jobbet tjänar alla på det i längden. Alla problem går inte att förutse, men det går att minska effekterna av de flesta fel med bra rutiner för upptäckt och åtgärd.

Att läsa mejl tar en stor del av arbetstiden. Frågor, från kollegor och kunder, som ska läsas och besvaras, samt att hålla koll på mejlinglistor och RSS om nya uppdateringar, buggar och liknande tar också tid. Att förhindra och försvåra intrång är en viktig del av arbetet. Det är viktigt att läsa loggfiler regelbundet, till exempel via verktyg som logwatch som mejlar en gång per dygn, eller swatch som mejlar dig i nästan realtid.

## 1.2 Om boken

Målgrupp för denna min bok är personer som vill ha systemadministration som yrke eller avancerad hobby. Om man jämför med trafik så är den mer för dem som bygger vägar och bilar än det är en körskolebok. Även Internet har komplicerad infrastruktur som de flesta användare bara tar för given.

Den här boken är inte en lista över kommandon. Man bör helst ha ett UNIX-ordförråd på minst 40 kommandon för att tillgodogöra sig den. Jag kan rekommendera böckerna *Ubuntuboken* (Jesper Nilsson, andra upplagan, HME Publishing, 2010), *Effektivare Linux* (Tobias Hagberg, andra upplagan, HME Publishing, 2010) och *Att använda Linux och GNU* (Linus Walleij, andra upplagan, Studentlitteratur, 2006) för grunderna.

Jag skriver denna bok mer som en läsebok, med det avser jag att man ska kunna läsa den från pärm till pärm och lära sig om GNU/Linux, Apache, nätverk och liknande. Den är mer praktiskt inriktad än en vanlig lärobok, och mer detaljerad än en HowTo på nätet. Delvis ska den kunna användas som uppslagsbok, men det är inte huvudsyftet. Givetvis kommer vissa läsare redan känna till en hel del, men förhoppningsvis finns det något nytt för de flesta.

Bli inte ledsen om du inte förstår allt. Läs gärna vidare och återvänd senare, eller läs mera i andra böcker och på webben. Ofta är det först när du sett samma problem från olika håll som du hittar lösningarna. Jag brukar jämföra med navigation med krysspejling, har du bara en bäring kan du inte bestämma din position.

Det finns många bra böcker på engelska, men många läser snabbare på svenska. Man måste förstås kunna engelska för att kunna arbeta som systemadministratör, men svenska används fortfarande i många sammanhang. Jag hoppas att den här boken kan fungera som en brygga mellan språken och som en grund för fortsatta studier, och därför anger jag ofta termer på både svenska och engelska.

Det här är min första bok, och felfri kommer den inte bli. Mejla gärna rättelser till mig, ao@df.lth.se, så lägger jag upp errata på webben och rättar i eventuella senare upplagor. Dock vågar jag inte erbjuda $2.56 per fel, men de som rättar kan bli tackade på webb och i senare upplaga.

Jag avslutar nästan varje kapitel med lästips, utom här i inledningen där ni fick dem nyss, och samma böcker och sajter återfinns i en alfabetisk lista i slutet av boken.

## 1.3 Textkonventioner

- Enstaka tangenttryckningar, t.ex. i en editor, markeras med **fetstil**.
- Boktitlar och URL:er markeras med *kursiv stil*.
- Kommandon, skript, annan kod och filnamn markeras med `teletype`, alltså konstant teckenavstånd. Ibland med och ibland utan prompt.

# Kapitel 2

# UNIX och GNU/Linux

## 2.1 Historik

Linux är inte så nytt. Det bygger vidare på traditionen från UNIX, men inte på dess källkod. Första versionen av UNIX kom 1969. Det utvecklades av Ken Thompson och Dennis Ritchie på Bell Labs. 1972 skrevs UNIX om i det av Ritchie skapade språket C. På 70-talet och början av 80-talet fick universitet använda UNIX gratis, inklusive källkod. Men sen försökte AT&T, som äger Bell Labs, att ta betalt för UNIX.

På universitetet i Berkeley utvecklades, som motreaktion mot kommersialiseringen, en friare version kallad BSD, Berkeley Software Distribution. På MIT jobbade då Richard Stallman, han tyckte att inte heller BSD var tillräckligt fritt.

BSD-licensen säger att källkoden även får användas kommersiellt.

Stallman gillade inte att något fritt kunde övergå till ofritt, så 1984 startade han GNU-projektet. GNU betyder GNU's not UNIX (det är en så kallad rekursiv förkortning, som hänvisar till sig själv) och dess licens heter GPL (The GNU General Public License). GPL ger användarna frihet att använda, studera, distribuera och förbättra koden till alla program. Däremot får man inte hindra andra att få samma friheter. Kod släppt under GPL måste fortsätta vara GPL.

GNU-projektet gjorde egna versioner av de flesta av tillbehören i UNIX, men de lyckades inte skriva en bra kärna. 1991 skrev Linus Torvalds första versionen av Linuxkärnan, som passade bra att använda i GNU-systemet. Ska man vara petig bör man därför kalla systemet för GNU/Linux (som i denna boks titel), för med Linux menar man bara kärnan som ligger närmast hårdvaran. Men även jag slarvar ofta med det, och mycket i moderna distributioner kommer inte från GNU, utan är släppt under andra mer eller mindra fria licenser. Och jag kan inte räkna upp alla.

UNIX var redan från början ett fleranvändarsystem. Många kommandon som finns i nutida GNU/Linux fanns med redan på 70-talet. Filosofin bakom UNIX är bland annat att varje program ska göra en sak, men det ska göra det bra. Man kan koppla ihop program så att utdata från ett blir indata till ett annat.

## 2.2 Skal

Vad är ett skal? Det heter "shell" på engelska och är den process som tar emot dina kommandon. Exempel är Bash, Z Shell (zsh) och tcsh. Det är skalet som du använder mest, både i terminalfönster och vid SSH-inloggning. Det har ett mindre antal inbyggda kommandon, och kan starta alla andra program. Man kan även skriva program som exekveras av skalet, mer om det i kommande kapitel. De olika skalen har lite olika syntax, jag kommer mest beskriva `/bin/bash` i den här boken.

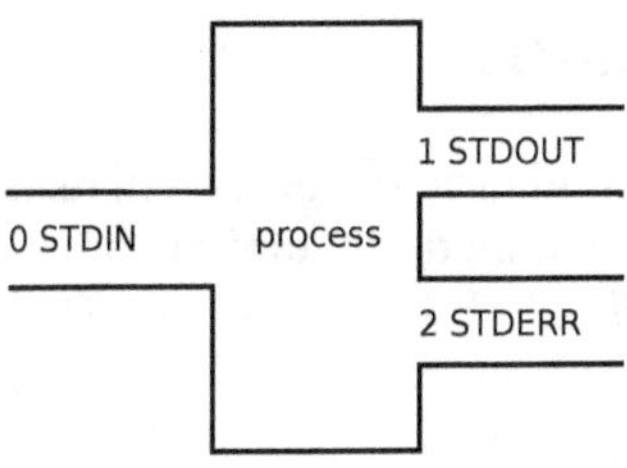


Figur 2.1: *STDIN och STDOUT*

## 2.3 Omdirigering och rör

Varje process har alltid (minst) tre "filer" öppna. Se figur 2.1. Processen läser från STDIN (standard in), som kan vara ett tangentbord, en fil eller ett annat program. Både STDOUT och STDERR är för utdata, men med skillnaden att standard out är för normal utdata och standard error är för felmeddelanden. Siffrorna i bilden ovan är fildeskriptorer och är alltid desamma. För att dirigera om STDOUT från terminal till en fil använder man tecknet > (det går även med 1>). Vill man däremot endast ha felmeddelanden (STDERR) i filen använder man 2>. Vill man bara lägga till i slutet av filen och inte skriva över hela använder man >> och 2 >>. Till exempel:

```
cd /etc; grep kalle * > /tmp/kalle.txt 2> /tmp/fel.
```

Det kommandot kommer att spara alla rader som innehåller ordet kalle i filen `kalle.txt`, och i filen `fel` hamnar en lista med alla filer som en vanlig användare inte får läsa (t.ex. `/etc/shadow`).

Med en pipeline (tecknet |, rörledning på svenska, eller kort och gott pipe) kopplar man ihop STDOUT från en process med STDIN på en annan. T.ex. `ps aux|grep httpd` för att visa alla webbserverprocesser. (Jag bygger vidare på det exemplet i 12.8). Man kan ha flera pipes efter varandra, mer om det kommer i kapitel 11 om skript. I UNIX (och Linux) kör processerna på varje sida om | helt parallellt, därför fungerar saker som:

```
tail -f /var/log/httpd/access_log|grep bild.jpg
```

## 2.4 Alternativ

Linux är inte det enda fria systemet. Vill man köra BSD (som jag nämnde i början av detta kapitel) finns det tre stora att välja på: FreeBSD, NetBSD och OpenBSD.

Lite förenklat är FreeBSD inriktat på storskalig serverdrift, OpenBSD på säkerhet och nischen för NetBSD är att det ska gå att köra på så många olika sorters datorer som möjligt. Huruvida det är rätt att tvinga på andra frihet, som GPL, eller inte bry sig om att andra använder koden till proprietära (kommersiella) system, som BSD tillåter, är för många en viktig fråga. Men det finns bra saker med båda licenserna. Båda har fritt tillgänglig källkod, och är ofta gratis.

Vill man vara ännu mer lik klassisk UNIX kan man använda Open Solaris. Det har ett avancerat filsystem som heter ZFS. Tyvärr är inte pakethanteringssystemet lika bra i Solaris (än). Och vissa andra saker känns lite gammalt. Solaris utvecklades av Sun Microsystems, som januari 2010 köptes upp av Oracle.

Andra system som är mer lika ursprunglig UNIX, och med sluten källkod är: AIX från IBM, HP-UX från Hewlett Packard, Tru64 (ursprungligen från Digital Equipment Corporation, men de ägs nu av HP). Även Mac OS X är baserat på UNIX (via Mach, FreeBSD, NetBSD och NeXTStep).

För smarta telefoner och surfplattor används Android och MeeGo/Maemo, båda har en Linuxkärna i botten och har mestadels öppen källkod. Men dem skriver jag inte mer om här eftersom boken främst handlar om serverdrift.

## 2.5 Linuxdistributioner

GNU/Linux finns i många varianter, kallade distributioner. De kan delas in efter vilket paketsystem som används: deb, rpm eller annat. Stor bland de RPM-baserade är Red Hat Enterprise Linux (RHEL), som kostar pengar att köpa, men där källkoden är fri. CentOS använder Red Hats kod och byter loggan till sin egen – helt tillåtet enligt GPL. Man får därmed samma produkt som RHEL gratis via CentOS. Men CentOS har inte lika bra support som Red Hat. Fedora kan ses som Red Hats utvecklingsplattform. Många, men långtifrån alla, av utvecklarna av Fedora jobbar för Red Hat. RHEL kommer som ny version vartannat eller var tredje år, Fedora däremot släpps två gånger per år, och med massor av uppdateringar däremellan. Även Mandriva och SUSE använder RPM.

En populär distributionen som är baserad på Debians paketsystem (där filerna slutar på .deb) är Ubuntu. Ubuntu kommer med en ny version två gånger per år (april och oktober). Debian kommer mer sällan, men de lånar kod från varandra. Mest är det Ubuntu som lånar från Debian. En annan populär Debian-variant är Linux Mint. Mint är lite mer konservativ när det gäller grafiskt gränssnitt, många tycker att Ubuntu och Fedora har ändrat för mycket med Unity och GNOME 3.

Det finns även andra system som antingen kompilerar allt från källkod (Gentoo m.fl) eller har annat paketsystem (Slackware m.fl), men de används inte lika mycket numera. Se tabell 2.1 för några exempel.

För mer info se <*http://distrowatch.com/*>.

Tabell 2.1: Linuxdistributioner

| RPM | deb | annat |
|---|---|---|
| RHEL | Debian | Gentoo |
| CentOS | Ubuntu | Slackware |
| Fedora | Kubuntu | Arch |
| SUSE | Mint | rPath |

Likheterna mellan distributioner är större än skillnaderna. Är de ungefär lika gamla är det ofta liknande versioner av de medföljande paketen. Dock kan det vara bra att veta hur man använder både rpm/yum och dpkg/apt-get, så jag berättar lite om dem. Lär dig gärna mer om den variant som du inte brukar använda, man vet inte när man behöver kunna rpm om man är van vid apt, eller tvärtom.

## 2.6 RPM och Yum

RPM betydde först Red Hat Package Manager, men numera utläses det RPM Package Manager.

Är filen man vill installera sparad i den katalog där man står skriver man:

```
rpm -ivh httpd-2.2.15-1.fc13.x86_64.rpm
```

Det går även att lägga in från en URL:

```
rpm -ivh http://ftp.df.lth.se/pub/centos/5/os/i386/
CentOS/bc-1.06-21.i386.rpm
```

(hela raden ska skrivas, den är bara radbruten här i boken). I argumenten till rpm betyder `i` install, `v` verbose och `h` hash (skriver ut # så man ser att paketen installeras).

Det händer dock att vissa paket kräver andra paket. När enbart `rpm` fanns så var det jobbigt att behöva ladda ner alla paket, och veta vilka som behövdes. Därför skapades yum, som alltså är en påbyggnad till rpm. Till yum finns en förutbestämd lista med adresser att ladda ner från, repositories eller kort och gott repos. På svenska kan det heta paketlager.

För att installera webbservern Apache skriver du `yum install httpd`. Bara så, utan att ange version eller annat i filnamnet. Man får automagiskt den senaste, och behöver man andra paket för att det man installerar ska fungera (beroenden/dependencies) så sköter yum även det.

Både yum och rpm använder samma databas, så det blir inga problem med att installera olika paket med rpm respektive yum. Trots att yum finns så finns det saker som är bättre att göra med rpm. Till exempel ger `rpm -qa|sort` en alfabetisk lista över alla paket, `rpm -qi bash` ger detaljerad info om paketet bash, `rpm -qf /etc/sudoers` berättar vilket paket den filen tillhör, `rpm -e httpd` avinstallerar httpd (Apache) och med `rpm -V bash` kan man se om någon av skalets filer har ändrats sen installationen.

Även yum kan användas till annat än att installera, med `yum update` uppdaterar man alla installerade paket om det finns nyare i den repo man använder. För att avinstallera kan man använda `yum remove httpd`. Vill man installera hela grupper av program (t.ex. GNOME) kan man först köra `yum grouplist` och därefter:

```
yum groupinstall 'Textbaserat Internet'
```

(Ja, den förstår svenska, men glöm inte citattecken om det finns mellanslag.)

## 2.7 dpkg och apt-get

I Debian och Ubuntu används paket med ändelsen .deb. Det äldre kommandot för att installera är dpkg och det nyare med källor på nätet heter apt-get (Advanced Packaging Tool). APT kom före Red Hats motsvarighet yum. Vill man installera Apache skriver man `apt-get install apache2` vilket gör att eventuella beroenden hämtas automatiskt. Vill man se vilka paket som är installerade kan man köra `dpkg -l`. Vill man söka efter nyckelord, till exempel alla paket som har med PHP att göra, kan man använda `apt-cache search php`. Den söker även i beskrivningarna för paketen. Vill du enbart söka i paketnamnen använder du `apt-cache -n search php`. I APT heter paketen oftare något med huvudversionsnummer, som apache2 och php5 (men inte för alla paket, och det finns några sådana även för rpm).

APT letar i repos som finns listade i `/etc/apt/sources.list`. Vill du uppgradera alla installerade paket kör du först `apt-get update`. Den uppdaterar databasen med nya versionsnummer. Därefter kör du `apt-get upgrade`. En skillnad mot RPM är att med APT kan man ofta få frågor om konfigurering vid installation och uppgradering. I RPM sparas nya filer istället med ändelserna .rpmnew och .rpmsave (om de ersätter den gamla).

Huruvida man föredrar APT eller RPM är till stor del en vanesak, men det kan vara bra att känna till grunderna i båda.

## 2.8 Struktur

Efter denna utvikning om distributioner och paketformat återvänder jag till filosofin bakom fri och öppen mjukvara. Lite repetition: Linux är kärnan, den ligger närmast hårdvaran och sköter tilldelning av resurser som CPU, minne och lagring. Program kan via systemanrop be kärnan om saker som enbart den kan göra. Men det finns även mellanlager för att förenkla för de som skriver program. Ett viktigt sådant mellanlager är glibc. Även ”Gammal-UNIX” har ett libc, och g:et står förstås för GNU. C:et är samma som i programmeringsspråket C. Rutinerna går att anropa från andra språk, men av tradition har C stark koppling till

UNIX/Linux, det var för att skapa version 4 av UNIX som språket C utvecklades (1973 av Dennis Ritchie).

I GNU/Linux är hela kärnan och många systemprogram skrivna i C. Glibc och andra bibliotek laddas dynamiskt av respektive program. Systemanrop är beskrivna i sektion 2 av manualen och biblioteksanrop i sektion 3. Är man programmerare kan man till exempel se `man open` (systemanrop) och `man fopen` (glibc) för att jämföra vilken nivå de olika sakerna sker på. Många biblioteksanrop använder i sin tur en mängd systemanrop. Man brukar jämföra med lagren på en lök, se bild 2.2. Innerst ligger hårdvaran, runt den kärnan med sina systemanrop (syscalls), utanför den glibc, utanför den andra bibliotek och ytterst de olika programmen.

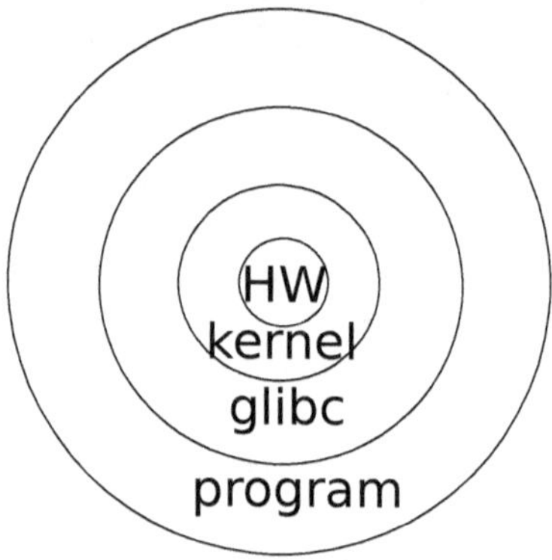


Figur 2.2: *Löklagermodellen*

Om man räknar in bibliotek för grafik och annat kan det bli många ytterligare lager, men denna bok är mest om serverdrift. Till skrivbordssystemen är GNOME skrivet i C och KDE i C++, (men jag vill inte rita alla tänkbara löklager för de systemen ...)

Löklagerbilden är en bra metafor att minnas, den underlättar för att förstå vad som händer var. En process är förenklat uttryckt ett körande program, och "user space" kallas det läge som vanliga processer körs i. Där kan, eller behöver, de inte göra allt som kärnan (kernel space) kan göra. Detta styrs av flaggor i processorn, och skyddar mot misstag. Processer i userspace har ingen egen tillgång till hårdvaran. Allt sådant måste ske via systemanrop till kärnan. Till exempel kan inte en process skriva över minne som används av en annan process (utom i vissa fall där de delar minne för att kommunicera).

## 2.9 Processer, fork och exec

Vad är en process? Den frågan kan besvaras på flera sätt. Ett program som körs är ett enkelt svar, på samma vis som bakande av en tårta är en process som leder fram till ett resultat. Men ett program kan ha flera processer i gång parallellt, se t.ex. om Apache i kapitel 9 hur webbservern har en huvudprocess och flera barnprocesser. En process kan också ha flera trådar inom sig.

Som kärnan ser processer består de bland annat av: utrymme i minnet, ett antal öppna filer, en ägare, en starttid och inte minst ett ProcessID (PID). Varje PID tilldelas ofta i nummerföljd, och är alltid unika. Två olika processer kan aldrig ha samma PID samtidigt. PID=1 heter init, och är den första riktiga process som startas (Det fungerar lite annorlunda med systemd eller Upstart, jag beskriver här den mer traditionella System V init). Processen init är förälder eller farförälder till alla andra processer. Varje gång en process startar (utom init) måste en befintlig process använda systemanropet fork() för att skapa en kopia av sig själv. Denna får ett annat PID, och PPID (Parent Process ID) sätts till förälderns PID. Med kommandona `pstree` och `ps auxf` kan du se vilka som är barn till vilka processer. En fördel med fork() är att det går snabbt att skapa en process med samma uppgift som föräldern, men ofta ska barnet göra något annat. För att byta uppgift används flera olika systemanrop av typen exec(), dessa byter ut programkodutrymmet i minnet och gör andra saker så att till exempel `bash` kan få en `bc` till barn, eller att en `sshd` kan "forka" en `bash`. Jag beskriver inte detta mer detaljerat, men att känna till processer på den här nivån underlättar felsökande och förståelse.

Kärnans tabell över processer innehåller även uppgifter om hur länge en process har använt CPU. Och vilket tillstånd processen befinner sig i just nu. Det kan man se under STAT i `ps aux` eller kolumnen S i `top`. De allra flest processer sover för det mesta, state=S. Några är R=Running. Nån kan vara D=Dead eller Z=Zombie. En Zombie är en barnprocess där föräldern har avslutats för tidigt. Zombier adopteras av init och tar inte längre resurser, men att ha sådana tyder på problem i systemet. En av kärnans viktigaste uppgifter är att skifta rätt processer till Running. Behöver någon process vänta på indata så ska en annan få chans att använda den lediga tiden. Processer har en dynamiskt tilldelad prioritet (beroende på när de körde senast, hur mycket annat som vill köra osv). Administratören kan även ange ett Nice-värde som används som utgångspunkt för den av kärnan använda prioriteten. Nice kan variera mellan –19 och +19. Standardvärdet är 0 och positiva tal betyder snällare än negativa. Nice=10 kan vara lagom för en kompilering i bakgrunden som inte ska störa processer med 0, men ändå få mer CPU-tid än processer med Nice=19. Enbart root kan sänka ett Nice-värde, men alla användare kan höja för sina egna processer. Antingen genom att skriva `nice` framför kommandot när det startas, eller använda `renice` eller trycka **r** i `top`.

## 2.10 Lästips

- För UNIX och Linux historia rekommenderar jag: Salus, Peter (2008), *The Daemon, the Gnu & the Penguin*. (Den finns även på nätet).
- Även hans äldre bok är läsvärd: Salus, Peter (1994), *A Quarter Century of UNIX*. Addison-Wesley.
- En ännu äldre men fortfarande läsvärd bok är: Kernighan & Pike (1984), *The Unix Programming Environment*. Prentice Hall.
- Brian Kernighan har även skrivit en ny (2011) bok om hårdvara, mjukvara och nätverk. Den heter *D is for Digital* och har undertiteln ”What a well-informed person should know about computers and communications”. Den kanske är för lätt för dig, men mycket läsvärd som allmänbildning.

# Kapitel 3

# Använda GNU/Linux

Jag beskriver här grunderna för hur du använder GNU/Linux i terminalen. Jag tar inte upp de grafiska verktygen eftersom: de varierar mellan distributioner, de förändras oftare mellan releaser, de är svårare att fjärranvända och de är långsammare och mer begränsade. Nästan allting i ett GNU/Linux-system är filer, och nästan all konfiguration sker via textfiler. En editor är det vanligaste verktyget du använder vid administration, jag rekommenderar Vim eller Emacs. De är beskrivna i kapitel 4.

Jag börjar istället med att berätta om katalogstrukturen i ett vanligt system.

## 3.1 Kataloger

I UNIX är nästan allt en fil. Det finns bara ett katalogträd, inga enheter som C: och D:, utan nya enheter monteras i trädet. Vad katalogerna i roten används till känner du kanske redan till, men repetition kan vara bra.

**/bin**
Här finns vanligt använda och viktiga kommandon. Du bör kunna nästan alla om du kör `ls` här.

**/boot**
Här finns kärnan och bootladdaren Grub.

**/dev**
Devices (enheter), som hårddiskar och terminaler. Numera skapas de ofta dynamiskt.

**/etc**
Konfigurationsfiler för massor av saker. De flesta som ren text.

**/home**
Användarnas hemkataloger, alla utom root.

**/lib** och **/lib64**
Biblioteksfiler (32- och 64-bitars). Till exempel libc ligger här.

**/lost+found**
Den ska vara tom, utom om du har en trasig disk.

**/media** och **/mnt**
Monteringspunkter för tillfälliga saker.

**/opt**
Katalog för saker som inte följer med systemet.

**/proc**
Virtuella filer som ger information från kärnan.

**/root**
Hemkatalog för användaren root.

**/sbin**
Viktiga program som vanliga användare sällan behöver, och inte alltid kan, köra.

**/sys**
Virtuella filer för att ge information till kärnan.

**/tmp**
Tillfällig lagring.

**/usr**
Startpunkt för ett nytt delträd med /usr/bin, /usr/sbin och så vidare. Många program finns här. Filer under /usr ska normalt sett bara ändras när man uppgraderar.

**/usr/local**
Här hamnar ofta program man själv installerar. Den har underkataloger som bin, lib, sbin osv.

**/var**
Filer som skapas, växer och försvinner. Till exempel loggfiler, inkommande och utgående e-post och databaser för DNS och RPM.

## 3.2 cd

Du förflyttar dig i katalogträdet med kommandot `cd`. Med `cd ..` kommer du ett steg närmare roten. Med `cd /` kommer du direkt till roten. Du kan använda både relativa och absoluta sökvägar: `cd /home/daniel` är en absolut sökväg och `cd ../daniel` är en relativ (som funkar om du till exempel står i /home/ao). Men för att komma till en användares hemkatalog är det enklast att använda tecknet tilde: `cd ~daniel`. För att komma till din egen hemkatalog skriver du enbart `cd`, det funkar oavsett var du står.

Ett annat tips med cd är `cd -` med det kan du hoppa fram och tillbaka mellan de senaste två katalogerna. Exempel på användning:

```
[ao@a ffs]$ cd /etc/httpd/conf
[ao@a conf]$ sudo vi httpd.conf
[sudo] password for ao:
[ao@a conf]$ sudo /etc/init.d/httpd reload
[ao@a conf]$ cd /var/log/httpd/
[ao@a httpd]$ tail -f access_log
[ao@a httpd]$ cd -
/etc/httpd/conf
[ao@a conf]$ sudo vi httpd.conf
[ao@a conf]$ sudo /etc/init.d/httpd reload
[ao@a conf]$ cd -
/var/log/httpd
[ao@a httpd]$ tail -f access_log
[ao@a httpd]$ cd -
/etc/httpd/conf
[ao@a conf]$
```

Du kan alltså växla mellan att redigera httpd.conf och läsa loggfilen, utan att behöva ange hela sökvägen. Eller växla mellan vilka två kataloger som helst. Var du hamnar skrivs ut. Om du däremot går till en ny katalog blir det den som du kommer tillbaka till med `cd -` (man kan göra liknande med pushd och popd om du är van att använda en stack).

## 3.3 Filrättigheter

Varje fil har en ägare och grupp:

```
[ao@a GLAN]$ ls -l /etc/passwd
-rw-r--r--. 1 root root 1863 26 dec 00.35 /etc/passwd
[ao@a GLAN]$ ls -l ~/.bashrc
-rw-r--r--. 1 ao ao 154 23 nov 18.36 /home/ao/.bashrc
[ao@a GLAN]$ ls -l /var/spool/mail/ao
```

```
-rw-rw----. 1 ao mail 0 31 jul 04.19 /var/spool/mail/ao
[ao@a GLAN]$
```

Filen passwd ägs av root och har gruppen root. Min .bashrc ägs av ao:ao. Båda dessa är skrivbara av ägaren och läsbara för grupp och andra. Däremot ägs min mailbox av ao, men den är även skrivbar av gruppen mail och är inte läsbar för andra. Mailservern (eller en viss del av den för Postfix) kör som gruppen mail, och kan därför fylla på min inlåda med nya brev. Och andra ska inte kunna läsa mina mejl.

### 3.3.1 ugo, rwx

Filers rättigheter, även kallade behörigheter, listas i ordningen ugo: user, group, others. User är ägaren (kallas även owner men u är vanligare förkortning). Alla användare listas i `/etc/passwd`. Grupper definieras i `/etc/group`, och på många system finns personliga grupper med samma namn som ägaren och ingen annan som medlem. Men man kan även ha egna grupper såsom students, admins eller web med en eller flera medlemmar. Others är just övriga, inte alla utan de som varken är user eller group.

Vad man får göra med en fil eller katalog anges i ordningen rwx – Read, Write och eXecute. För en fil betyder r att man får läsa filens innehåll, w att man får skriva till filen och x att man får köra/exekvera filen. Dessa tre rättigheter upprepas tre gånger: för user, group och others. Det första strecket i fillistningen anger att det är en vanlig fil, för kataloger står det ett 'd' där.

För att byta rättigheter används kommandot `chmod`. Som argument anger man antingen tre (eller fyra) oktala tal eller symboliska rättigheter. Exempel på den oktala varianten är

```
chmod 755 fil
chmod 600 fil
chmod 705 fil
chmod 644 fil.
```

Jag illustrerar siffrorna i tabell 3.1 och förklarar efter den.

För varje kolumn summerar du de rättigheter du vill ha. 755 betyder alltså -rwxr-xr-x och 644 -rw-r--r-- i samma ordningsföljd (ugo) som vanligt. Just 755 och 644 är bland de vanligaste, 755 för körbara filer och 644 för de som enbart

Tabell 3.1: chmod

| | u | g | o |
|---|---|---|---|
| r | 4 | 4 | 4 |
| w | 2 | 2 | 2 |
| x | 1 | 1 | 1 |

ska läsas. Ger du en fil 600 kan bara ägaren läsa och skriva till den, 660 så kan ägaren och gruppen både läsa och skriva men alla andra inget alls. Med 705 så får ägaren göra allt, gruppen inget och alla andra läsa och exekvera. Att ge 0 till gruppen kan vara användbart till exempel i skolor där studenterna tillhör en grupp och lärarna en annan, då kan studenterna inte läsa varandras programmeringsuppgifter om inte ägaren byter rättighet.

Ett skript i bash, Perl, Python eller liknande måste ha både r och x satt för att kunna köras. Däremot räcker det för ett kompilerat program med x för att köra, men oftast har man även r.

### 3.3.2 chown och chgrp

Det är enbart ägaren till en fil, och root, som kan byta rättigheter med `chmod`. Aldrig grupp eller andra.

Användaren root kan även byta ägare till en fil, med `chown user fil` (i vissa äldre UNIX-varianter kunde vanliga användare skänka bort filer, men det är inte lämpligt). Alla som äger en fil kan byta grupp med `chgrp grupp fil` om de är medlemmar i gruppen de byter till. Vill root både byta ägare och grupp på en gång kan han/hon använda `chown user:grupp fil`, med kolon mellan ägare och grupp. Till exempel

`chown ao:students hello.c`.

### 3.3.3 Katalogers rättigheter

För kataloger betyder r att man får lista filnamnen, och x att man får gå in i katalogen med cd. Denna distinktion används sällan, i praktiken är det 755 och 700 som är de vanligaste rättigheterna för en katalog. Det händer dock att man glömmer att ge kataloger x-biten. I vissa fall kan 711 vara bra, då kan andra komma åt filer och underkataloger om, och endast om, de vet namnen.

### 3.3.4 Symboliska rättigheter

Att ange rättigheter med oktala tal kallas även att ge absoluta rättigheter. Det andra sättet kan kallas symboliska eller relativa rättigheter. Då anger man först för vem/vilka man vill ändra med u, g, o eller a (där a betyder alla). Sen skriver man +, - eller = följt av r, w eller x. Till exempel `chmod o-r fil` (gör den icke läsbar för andra), `chmod u+x fil` (gör den exekverbar för ägaren), `chmod a=x fil` (x för alla) eller `chmod g-w fil` (ta bort skriv för grupp). Ändringar med minus eller plus görs oavsett tidigare rättigheter, och de ändrar inte för andra än de som anges. Därför funkar till exempel `chmod o-xw *` för att göra både filer och kataloger oläsbara för others utan att förändra execute och annat på kataloger och filer. Med oktala rättigheter ändrar man alltid alla rättigheter. För mer detaljer se manualen med `man chmod`.

### 3.3.5 suid, sgid och sticky

Jag nämnde att det ibland anges fyra rättigheter. `chmod 4755` kallas suid eller setuid. Det betyder set user id och är ganska farligt. Med den biten satt kommer programmet exekveras som filens ägare, oavsett vem som kör den. Till exempel `/usr/bin/passwd` ägs av root och har suid, så den kommer exekveras som root även om en vanlig användare kör det (vilket möjliggör att den kan ändra i `/etc/shadow`). Program med suid är ofta en säkerhetsrisk, och du bör inte använda det själv om du inte är helt säker på vad du gör. Motsvarigheten för grupper är sgid, set group id, där programmen körs som den grupp som filen tillhör. Det anger du med `chmod 2755`. Inte heller det bör du använda i onödan, även om det är lite säkrare, i de fall där det är en ”ofarlig” grupp. I `ls -l` visas suid som -rwsr-xr-x och sgid med ett s i grupp-positionen -rwxr-sr-x.

Sticky bit , som sätts med en etta i första positionen, `chmod 1777`, har numera enbart betydelse för kataloger. Där betyder det att enbart ägaren till en fil får radera den. Normalt sett får den som har skrivrättigheter till en katalog även ta bort filer som ligger där, det förhindras med sticky bit och används för kataloger som /tmp och /var/tmp där alla får skriva. För länge sedan betydde sticky bit på ett program att det skulle ligga kvar i RAM, men det är bara på riktigt gammal UNIX, i Linux har det aldrig varit så.

Även sgid har annan betydelse för kataloger än för filer. `chmod 2775 katalog` betyder att alla nyskapade filer och underkataloger kommer få samma grupp som föräldern. Det är mycket praktiskt för kataloger som ska användas av flera personer.

### 3.3.6 umask

Vilka rättigheter som nyskapade filer och kataloger får bestäms av användarens umask. Den kan ses som komplementet till rättigheterna, eller som 777 minus umask. Vanliga värden på `umask` är 022 som kommer ge 755 för kataloger och 644 för filer, eller 002 som även ger skrivrättigheter till gruppen (775 och 664). Vill man vara mera hemlighetsfull kan man ha 007 så blir det 770 och 660, det vill säga inga rättigheter alls för alla andra. Du sätter umasken så här:

```
umask 022
```

Det gäller enbart för det fönster det sätts i, så vill du ha det mer permanent får du lägga till raden med `umask` i filen `~/.bashrc`

## 3.4 Hitta filer

Det finns flera olika sätt att hitta filer om man vet namnet men inte platsen. Snabbast är `locate`, t.ex. `locate passwd`. Nackdelen med den är att databasen bara uppdateras en gång per dygn, så du kan inte hitta nya filer. Vill du söka efter både stora och små bokstäver lägger du till `-i` (ignorecase).

Ofta händer det att man glömmer vad filen man laddade ner eller skapade senast hette, men vet vilken katalog den bör ligga i. Då kan man köra `ls -ltr` (long, time, reverse), så får man de nyaste filerna längst ner i listan. Hoppa över `r` om du vill ha dem först i listan.

För att hitta var ett program ligger kan du använda `whereis`, t.ex. `whereis ifconfig`. Detta kommando söker i en förutbestämd lista, så det kommer säga /sbin/ifconfig även om du inte har /sbin i din normala sökväg ($PATH). Med `whereis` listas även man-sidor.

Om du däremot enbart vill se filer i din $PATH kan du köra `which`, t.ex. `which python`. Det visar enbart en fil, första träffen, så du ser om det är /usr/local/bin/python eller /usr/bin/python som skulle köras. Ett relaterat kommando är `type`, som även visar huruvida programmet är inbyggt i skalet. Jämför `which echo` och `type echo` där den senare ger rätt svar.

Det program som är mest flexibelt för att hitta filer är `find`. Det har ganska avancerad syntax, men grunden är find katalog -vad -gör. Till exempel `find . -name passwd -print` för att börja söka i aktuell katalog och underkataloger efter alla filer som heter passwd. Vill du söka efter en del av ett namn kan du använda jokertecken, till exempel så här `find . -name '*pass*' -print`. Glöm inte att ha enkla citattecken, utan dem kommer skalet att expandera eventuellt filnamn i katalogen du står. På GNU-find är `-print` standard och kan hoppas över, men inte så på t.ex. äldre Solaris. Vill du ha en detaljerad fillista byter du ”action” till `-ls`, alltså `find . -name passwd -ls`. Det går även att radera filer med `-delete` och utföra ett kommando för var och en med `-exec`. För exec betyder {} aktuellt filnamn och kommandolistan måste avslutas med ett semikolon. Båda dessa tecken bör skyddas från att expanderas av skalet. Exempelvis: `find /etc -name passwd -exec cat '{}' \;`

Lättare och bättre blir det dock med `xargs`. Det är ett kommando som tar emot en lista av filnamn, till exempel från find, och sen kör valfritt kommando med denna lista som argument. Föregående exempel blir så här med xargs. `find /etc -name passwd | xargs cat`. Om du vill radera alla filer rekursivt, med utgångspunkt där du står, men behålla alla kataloger så kan du köra denna rad.
`find . -type f|xargs rm`. Ett problem är dock att den blir förvirrad av filnamn med mellanslag. Det löser man genom en nullterminerad lista, via argument till både find och xargs. Så här: `find . -type f -print0 | xargs -0 rm`
Eller med ett annat exempel, visa alla filer som heter något.txt: `find . -iname '*.txt' -print0|xargs -0 cat`
Växeln `-iname` betyder ”ignore case”, alltså hitta såväl filen andreas.txt som kalle.TXT.

Andra vanliga användningar av find är att hitta filer som har modifierats inom en viss tid. Det kan du göra så här: `find . -mtime 3`, det kommandot kommer visa alla filer som har förändrats för exakt tre dagar sen. Mer användbart är `find . -mtime -3` som visar alla filer som modifierats för mindre än tre dagar sen, eller `find . -mtime +3` för att hitta alla som är äldre än tre dagar. Vill du ha minuter istället för dagar så finns det `-mmin` med motsvarande syntax. (Se avsnitt 12.7 för mer information om filers olika tider.)

Kommandot find kan mycket mera, se `man find` för fler exempel.

## 3.5 root och sudo

Användaren root kan göra allting, det kontot måste alltid finnas och har user id 0. När man kör som root har man ofta en # i prompten. Det är lätt, och allvarligt, att göra misstag som root.

Bättre än att använda `su -` eller att logga in som root, är att använda `sudo`. Med `sudo` måste du tänka före varje kommando, och skriva in ditt lösenord om det har gått mer än fem minuter. Och alla kommandon loggas så man kan se i efterhand vem som har gjort vad.

Vilka som får köra `sudo` bestäms i filen `/etc/sudoers`. Den ska man alltid redigera med kommandot `visudo` så man får kontroll av syntax och låsfil så inte två ändrar samtidigt. På de flesta distributioner körs som standard editorn `vi` vid `visudo`. Vanligaste ändringen består av att leta reda på raden med:

```
root    ALL=(ALL)       ALL
```

och på den raden trycka **yy** följt av **p** och skriva rätt användarnamn. Spara sen filen med **:wq**. Den nya raden ska alltså se ut så här för användaren ao:

```
ao    ALL=(ALL)       ALL
```

På Ubuntu körs ofta editorn `pico` även om kommandot heter `visudo`, men det går att ändra. Mer om editorer kommer i nästa kapitel.

## 3.6 Lästips

Den här boken är som sagt inte en lista över alla kommandon. Utöver tidigare nämnda *Effektivare Linux* så finns det många bra engelska böcker. Till exempel *Fedora Linux Toolbox* av Christopher Negus och *Ubuntu Linux Toolbox*, av Christopher Negus och Francois Caen. De är utgivna på Wiley. Det finns även en *BSD UNIX Toolbox* av samma författare, den är bra om man vill lära sig mera om BSD-systemen.

För systemadministration av Linux/UNIX i allmänhet är den bästa boken:
*UNIX and Linux System Administration Handbook* av Nemeth et al. Fjärde upplagan kom 2010 på Prentice Hall.

En lite äldre men fortfarande läsvärd bok är *Essential System Administration* av Aeleen Frisch. Senaste upplagan på O'Reilly är från 2002.

## Kapitel 4

# Editorer: Emacs eller Vim?

## 4.1 Editorer

En editor, ett program för att redigera text, är en systemadministratörs viktigaste verktyg. Det finns två stora: Emacs och Vim. Man måste kunna grunderna i båda, men vilken man väljer att använda är upp till var och en. Innan du väljer kan det kännas som åsnan mellan två lika stora hötappar, men prova båda och välj en.

Emacs kommer ursprungligen från Richard Stallman, han som även startade GNU-projektet. I Emacs använder man ctrl- och alt-tangenterna mycket.

Vi uttalas "vi-aj". Den skapades redan 1976 av Bill Joy (som sen blev medgrundare till Sun Microsystems). Numera bör man använda varianten Vim (vi improved) som kan mycket mera än den äldre vi.

Det finns ofta bestämda uppfattningar om vilken editor som är bäst. Själv lärde jag mig Emacs först (1996) men övergick senare (98–99) till att mest använda vi. Tobias Hagberg kallar båda för "Världens bästa textredigerare" i sin bok *Effektivare Linux*. Jag tycker att man måste veta hur man sparar och avslutar i båda så man kan använda system där bara den ena finns. Jag kommer skriva mest om Vim, men börjar med att berätta lite om Emacs. Jag avslutar med att nämna några andra alternativ.

Hela denna bok skriver jag i Vim, med hjälp av typsättningsprogrammet LaTeX.

## 4.2 Emacs

Emacs kan nästan allt. Den är till stor del skriven i LISP och går att modifiera obegränsat. Det går att surfa på webben, läsa mejl, få terapi och kompilera program utan att lämna editorn.

I dokumentation för Emacs ser man ofta förkortningar som **C-x** och **M-y** (där x och y är olika tecken). **C-x** betyder håll nere Ctrl och tryck x, **M-y** betyder håll nere Alt och tryck y. (På äldre datorer kallades tangenten ofta Meta.) Det går även att trycka ESC istället för Alt, men då ska man inte hålla nere den när man trycker på nästa tangent. Till exempel för att spara dokumentet är kommandot **C-x C-s**, det betyder håll nere Ctrl och tryck först x och sen s utan att släppa Ctrl. För att avsluta Emacs trycker man **C-x C-c**. När du vill skriva text i ett dokument är det bara att skriva. Du kan flytta markören med piltangenterna som vanligt, och kan lära dig några kommandon i taget. Om du försöker avsluta utan att ha sparat får du en fråga om du vill göra det. Det finns mycket inbyggd hjälp och dokumentation i Emacs.

**C-a** hoppar till början av en rad, **C-e** till slutet. Med **C-s** kan du söka inkrementellt (tecken för tecken) framåt i texten. **C-r** gör samma sak bakåt. Terapeuten får du fram genom att trycka **M-x doctor**.

För att ångra ändringar trycker du **C-x u** (u betyder undo). Vill du öppna en ny fil trycker du **C-x C-f filnamn.** Det går bra att använda TAB-komplettering för både filnamn och kommandon. Med **C-g** avbryter du ett kommando.

Vill du läsa mera om Emacs finns boken *Learning GNU Emacs* av Cameron et al från O'Reilly förlag.

## 4.3 Vim

Vim finns till alla GNU/Linux-distributioner. Ibland kan man behöva lägga till aliaset `vi=vim` i sin `.bashrc`, men på de flesta system blir det Vim som startas när man skriver `vi` vid prompten.

Vim kan mycket mera än den traditionella vi, till exempel kan man ha flera fönster med olika filer och man kan backa (undo) obegränsat antal ändringar.

### 4.3.1 Lägen

För att förstå vi och Vim så måste man lära sig att dessa textredigerare har två olika lägen. Kommandoläge (command mode) och insättningsläge (insert mode). I kommandoläget använder man bokstäver för att flytta markören, ta bort ord och rader, klistra in osv. Inget man "skriver" kommer med i filen utan allt är kommandon till editorn. Däremot i insättningsläge kommer all text du skriver som text i filen. Det är nästan som att ha två olika tangentbord. När du startar Vim, till exempel med kommandot `vi fil.txt` så kommer du först i kommandoläget. Enklaste sättet att komma till insättningsläget är att trycka **i** som ger dig möjlighet att skriva vidare där markören är. För att återvända till kommandoläge trycker du Escape **<ESC>**. Vim (men inte den ursprungliga vi) visar på nedersta raden vilket läge du är

i. Eller rättare sagt så står det – INFOGA – när du är i insättningsläge och inget alls i kommandoläge. Är du osäker på vilket läge du är i kan du alltid komma till kommandoläge med **<ESC>**. Det finns även tre visuella lägen (visual mode) i Vim, men det kan vara överkurs.

### 4.3.2 Spara och avsluta

Vissa kommandon i kommandoläge börjar med ett kolon, dessa är ursprungligen från editorn `ex` (som i sin tur byggde vidare på `ed`). De vanligaste av dessa kolonkommandon används för att spara och avsluta. Jag sammanfattar dem i tabell 4.1.

Tabell 4.1: Spara och avsluta

| | |
|---|---|
| :w | spara (write) |
| :q | avsluta (quit) |
| :wq | spara och avsluta |
| :q! | avsluta och ignorera ändringar |
| :x | spara om filen ändrats, avsluta |
| :n | gå till nästa fil |
| :b [nummer\|namn] | byt fil |

Om du öppnar flera filer, t.ex. `vi *.sh` kan du alltså byta till nästa fil med **:n**, eller med **:b2** till den andra i listan, eller **:b backup.sh** där du anger namnet. Det funkar med TAB-komplettering av både filnamn och kommandon i Vim.

**ZZ** gör samma som **:x**. Skillnaden med **ZZ** och **:x** jämfört med **:wq** är att filens modifieringstid bara ändras om filen ändrats, det kan göra skillnad vid kompilering (`make` behöver enbart kompilera det nya). **:w** ska du trycka ofta, visserligen sparar Vim automatisk en säkerhetskopia, men det är ändå bra att regelbundet spara sin text. Vill du spara den med ett annat namn så anger du det efter **:w**, alltså **:w kopia.txt**. Det kan vara bra att veta om du märker att du inte har rättighet att skriva till filen som du öppnat. Då kan du spara med annat namn i din hemkatalog eller /tmp och sen flytta med `sudo mv`.

### 4.3.3 Kommandoläget

I kommandoläget har nästan alla bokstäver, och vissa andra tecken, på tangentbordet en speciell funktion. Jag nämner bara vissa, de som jag själv brukar använda.

För att komma till insättningsläge kan du trycka **i** (insert) eller **a** (append). Skillnaden är att med **a** kommer markören hamna efter det tecken du står vid och med **i** blir det före tecknet. Vill du börja skriva på en ny rad nedanför så trycker du **o** (open new line). Vill du ha ny rad ovanför trycker du **O** (stort O).

För att radera en rad trycker du **dd**. Vill du radera fem rader trycker du **5dd**. Det du senast har raderat (klippt ut) kan du klistra in på nytt ställe genom att trycka **p** (put). Kopiera heter ”yank” i vi, för att kopiera en hel rad trycker du **yy**, och klistra in gör du med **p** som vanligt. Även **yy** kan föregås av ett antal, alltså för att kopiera nuvarande rad och tre nedanför så kan du trycka **4yy**.

Du kan flytta dig runt i texten med piltangenterna, eller med **h**, **j**, **k**, **l** (vänster, ner, upp, höger). Jag använder oftast pilarna, men vana vi-användare föredrar att inte flytta fingrarna för mycket. I ”gammal-vi” fungerar inte alltid piltangenterna i insättningsläge, utan man måste trycka **<ESC>** innan man kan flytta markören. Detta problem har man inte i Vim.

När du vill hoppa till början av en rad trycker du **0** (noll), för slutet av en rad **$**. För att söka efter en sträng, framåt i texten, trycker du **/** och skriver strängen. Det kan vara ett praktiskt sätt att få markören på rätt ställe. Vill du hoppa till nästa förekomst av strängen trycker du **n** (next). Med standardinställningarna börjar sökningen om från toppen om man når botten av texten (detta går att stänga av).

Om du gör fel och vill ångra så trycker du **u** (undo). Vim har obegränsat antal nivåer av undo (traditionell vi enbart en nivå, nästa u blir redo). För redo (gör om) i Vim trycker du **ctrl-r**.

Vill du radera ett tecken trycker du **x**. Även den kan ha ett antal framför sig: **7x**.

### 4.3.4 Insättningsläget

I insättningsläget kommer de flesta tangenttryckningar direkt i filen. Du kan flytta runt med pilarna i Vim, men inte alltid i vi. Det finns några kommandon som fungerar i ”insert mode”, ett exempel är **ctrl-n** som ger dig en lista av ord att lägga till.

### 4.3.5 Interagera med filer och skal

Vill du köra ett enstaka skalkommando utan att lämna Vim så trycker du **:!** följt av kommandot. Till exempel **:!ls**. När du trycker enter så kommer du tillbaka till Vim. Vill du köra flera kommandon är det enklare att suspendera Vim med **ctrl-z**. Då får du en vanlig prompt och återvänder till Vim med `fg`. Ett annat sätt är att skriva **:sh** i kommandoläget.

Du kan även läsa in text från en fil till editorns text. Ställ markören där du vill infoga filen och tryck **:r filnamn**. Till exempel **:r /etc/redhat-release** (det funkar bra med TAB-komplettering).

Vill du istället infoga utdata från ett program skriver du **:r!kommando**, till exempel `:r!date` för att få dagens datum.

Vill du öppna en helt ny fil skriver du **:e filnamn**.

### 4.3.6 gvim

Om du föredrar grafiska program, och kör X, så kan du testa gvim. Det är som vanliga Vim, men med menyer och mus. Det kan vara ett bra sätt att lära sig vanliga Vim, eftersom kortkommandon står i menyerna. I Red Hat heter paketet du behöver vim-X11. I Debian kan du välja mellan vim-gnome och vim-gtk.

### 4.3.7 Fönster

Även i den textbaserade Vim (men inte i ”gammal-vi”) kan du ha flera fönster. Alla kommandon för att skapa och byta fönster börjar med **ctrl-W** (ctrl förkortas ofta till ^, och observera att det är stort W). Med **ctrl-Ws** (eller **:split**) delar du skärmen eller terminalen i två (eller flera) fönster horisontellt. Vill du öppna nytt fönster utan att öppna samma fil så trycker du **ctrl-Wn** (eller **:new**). Du växlar fönster neråt med **ctrl-Wj** och uppåt med **ctrl-Wk**. För att stänga aktuellt fönster trycker du **ctrl-Wc**.

## 4.4 Andra alternativ

I GNOME kan man använda gedit. Den började som en enkel textredigerare, men har fått flera funktioner, dock inte lika många som Vim eller Emacs.

En annan enkel editor är nano, eller dess föregångare pico. Pico följde från början med mejlklienten Pine, och nano är i princip samma program fast med bättre licens. Den är ganska begränsad, men lätt att lära sig. Kommandon inleds med ctrl, och de vanligaste finns listade längst ner i fönstret.

## 4.5 $EDITOR

Skalvariabeln $EDITOR bestämmer ofta vilken editor som ska användas. T.ex. för `visudo` (som jag nämnde i 3.5) även för `vipw`, `vigr` och `crontab -e`. Ibland kan man även använda variabeln $VISUAL. På många distributioner är EDITOR=vi, men på Ubuntu är den nano. Det kan vara lite förvirrande för kommandon som börjar med ”vi”. Lägg till `export EDITOR=vim` i t.ex. `.bashrc` för att ändra det.

## 4.6 Lästips

- För Vim finns en bra bok från O'Reilly: Robbins, Arnold & Elbert, Hannah & Lamb, Linda (2008). *Learning the vi and Vim Editors*: O'Reilly

- För Emacs finns: Cameron, Debra & Rosenblatt, Bill & Elliot, James (2004). *Learning GNU Emacs*: O'Reilly

# Kapitel 5

# TCP/IP i teorin

## 5.1 Binära tal

1, 2, 4, 8, 16, 32, 64, 128, 256, 512, 1024, 2048, 4096, ... Vi börjar med lite matte. Den här sifferserien av fördubblingar, eller tvåpotenser, återkommer ofta i datorsammanhang. I binära tal (ettor och nollor) ger serien ovan värdet på varje siffra (bit) räknat från höger (minst signifikanta biten, least significant bit, LSB). Till exempel är 101=5=1*4+0*2+1*1 och $1000 = 8 = 1*2^3 + 0*2^2 + 0*2^1 + 0*2^0$. Räkneregler för binär addition är 0+0=0, 0+1=1+0=1, 1+1=10.

En annan talbas som används ofta är 16, hexadecimala tal. En byte är 8 bits, decimalt har en byte värden mellan 0 och 255, hexadecimalt mellan 0 och FF. Ett annat namn på byte är oktett. Se tabell 5.1 och lär dig gärna den utantill om du inte redan kan den. Att räkna om från binärt till hexadecimalt (och tvärtom) är lätt om man kan tabellen. Det är bara att dela upp bitarna i grupper om fyra. T.ex är FE25=1111 1110 0010 0101. Det har man nytta av för att förstå nätverk, vilket är det här kapitlets huvudämne.

Vill man låta datorn räkna om mellan olika talbaser kan man använda programmet `bc`. Bara skriv bc vid prompten och inne i programmet skriv t.ex. `obase=2` för att få utmatning i binärt eller `ibase=16` för att få inmatning i hex (out base och in base). Man avslutar bc med **ctrl-d**. Tänk på att hexadecimala tal måste skrivas som versaler, och att om du ändrar ibase så kommer den tolka allt, även kommande ibase=, i den basen. Det kan vara lättare att avsluta än att räkna om i huvudet, efter omstart är både ibase och obase 10 (decimalt). Nu blir det inte svårare matte än så här i den här boken, men binära tal återkommer.

## 5.2 IP, mask, gw

Din dators IP-nummer är adressen till den på Internet. IP-nummer är ett 32-bitars tal (med IPv4) och skrivs oftast som fyra byte (oktetter i viss litteratur). Alltså tal mellan 0 och 255. Till exempel 194.47.250.234 eller 130.235.20.3. Det finns några serier som är reserverade för interna nätverk, 10.x.x.x, 172.16.x.x till 172.31.x.x och 192.168.x.x. Dessa adresser finns inte ute på det stora Internet, utan används för privata nätverk ofta bakom NAT (mer om det senare i 7.5). Det är inte heller alla 4 miljarderna ($2^{32}$) möjliga siffrorna som går att använda av andra skäl.

För att kunna kommunicera via TCP/IP med andra datorer är det tre uppgifter som behövs: IP-nummer, nätmask och default gateway. Ett lokalt nätverk kallas LAN (Local

Tabell 5.1: binärt och hex

| Dec | Bin | Hex |
|---|---|---|
| 0 | 0000 | 0 |
| 1 | 0001 | 1 |
| 2 | 0010 | 2 |
| 3 | 0011 | 3 |
| 4 | 0100 | 4 |
| 5 | 0101 | 5 |
| 6 | 0110 | 6 |
| 7 | 0111 | 7 |
| 8 | 1000 | 8 |
| 9 | 1001 | 9 |
| 10 | 1010 | A |
| 11 | 1011 | B |
| 12 | 1100 | C |
| 13 | 1101 | D |
| 14 | 1110 | E |
| 15 | 1111 | F |

Area Network), det är de datorer som är direkt åtkomliga via kabel och switchar. Varje dator på LAN:et har ett IP-nummer som börjar med samma siffror. Nätmasken anger vad som är LAN och vad som är Internet. Till exempel för en dator med IP 192.168.0.85 är nätmasken 255.255.255.0. Från kombinationen av IP och mask kan man utläsa att alla enheter på LAN:et har adresser 192.168.0.x, där x kan ha alla värden från 0 till 255. För att förklara det återvänder jag till ettor och nollor. Masken är alltid en följd av ettor följt av ett antal nollor. Totalt 32 tecken. Där det finns ettor är det Internet och där det finns nollor är det LAN. En tabell kan göra det klarare.

Här är gränsen vid en jämn byte, men behöver inte vara så. Förr i tiden delade man in i klass A, B eller C beroende på om första nollan kom efter första, andra eller tredje punkten. Numera används ofta ett system som heter CIDR, Classless InterDomain Routing, där gränsen mellan ett och noll (Internet och LAN) kan vara vid vilken bit som helst. Men det är fortfarande aldrig någon etta efter första nollan.

Tabell 5.2: IP-nummer och mask

| 192 | 168 | 0 | 85 |
|---|---|---|---|
| 11000000 | 10101000 | 00000000 | 01010101 |
| 255 | 255 | 255 | 0 |
| 11111111 | 11111111 | 11111111 | 00000000 |

Detta ger 8 olika möjliga värden för varje byte, dessa visar jag i nästa tabell.

Tabell 5.3: Nätmask

| dec | binärt | cidr |
|---|---|---|
| 0 | 00000000 | /24 |
| 128 | 10000000 | /25 |
| 192 | 11000000 | /26 |
| 224 | 11100000 | /27 |
| 240 | 11110000 | /28 |
| 248 | 11111000 | /29 |
| 252 | 11111100 | /30 |
| 254 | 11111110 | /31 |
| 255 | 11111111 | /32 |

Värdet i sista kolumnen är ett annat sätt att ange mask genom att efter ett snedstreck ange antalet ettor, i det här fallet för den sista oktetten (vilket är den vanligaste). Denna notation kallas också CIDR (uttalas cider) och används i många andra sammanhang såsom brandvägg och namnservrar. I CIDR-notation heter de tre privata näten 10/8, 172.16/12 och 192.168/16 och exempelnätet ovan heter 192.168.0.0/24. Masken /31 är ganska oanvändbar, och /32 är mest ett annat sätt att ange ett enda IP. Men alla de andra används i verkligheten.

När man kör TCP/IP med vanliga nätverkskort behövs utöver det egna IP:t en adress för hela nätet och en för broadcast. Dessa är nästan alltid de lägsta och högsta av de möjliga, och kan därmed räknas ut om man vet IP och mask. För vårt exempelnät blir nätets adress 192.168.0.0 och broadcast 192.168.0.255. Har man IP 82.23.134.140 och mask

255.255.255.240 (/28) så blir nätet 82.23.134.128 och broadcast 82.23.134.143. På ett /28-nät kan man ha 16 adresser, men eftersom lägsta och högsta blir upptagna är det 14 användbara IP. Se tabell 5.4 för detta exempel och hitta på egna exempel om det är oklart. En ledtråd är att skriva mask och broadcast under varandra binärt, där det är nollor i masken ska det vara ettor i broadcast. Ett annat tips är att använda kommandot `ipcalc`. Med IP och mask kan vi nå he-

Tabell 5.4: IP och mask igen

| IP | 82 | 23 | 134 | 140 |
|---|---|---|---|---|
| IP | 01010010 | 00010111 | 10000110 | 10001100 |
| Mask | 255 | 255 | 255 | 240 |
| Mask | 11111111 | 11111111 | 11111111 | 11110000 |
| Nät | 01010010 | 00010111 | 10000110 | 10000000 |
| Nät | 82 | 23 | 134 | 128 |
| BC | 01010010 | 00010111 | 10000110 | 10001111 |
| BC | 82 | 23 | 134 | 143 |

BC=Broadcast

la vårt LAN. Men Internet är ju ett nät av nät, och att endast kunna surfa till sina egna datorer är inte så kul. Därför har man en enhet (dator, router) på sitt LAN som har kontakt med Internet. Denna kallas av tradition default gateway, eller kortare gw (men egentligen är den inte en gateway). Det kan vara en dator med två nätverkskort eller en färdigköpt liten låda. Den har minst två IP-nummer, varav det ena ska ligga på samma nät som ditt LAN. Det allra vanligaste är att den har nästa nummer över vad nätet har, som 192.168.0.1 och 82.23.134.129 i våra exempel. Men den kan även finnas på .254 i ett /24-nät, och egentligen kan den ha vilket värde som helst inom nätet.

En dator som vill nå utanför sitt LAN jämför den önskade adressen med sitt eget IP och mask. Om det är utanför LAN:ets IP-område vet den att den ska skicka det till sin gw. T.ex om vår 192.168.0.85 vill gå till 192.168.0.126 skickar den broadcast på LAN, men vill den gå till 74.125.43.105 förstår den att den adressen inte går att nå lokalt utan skickar paketet till 192.168.0.1 som i sin tur skickar det vidare. Vid ethernet (vanliga nätverkskort) tillkommer ett lager som heter ARP, mer om det lite längre fram i 5.5.1.

## 5.3 Stack: lager och inkapsling

För att förstå TCP/IP behöver man förstå både helhet och detaljer, och som författare är det svårt att välja i vilken ordning man ska berätta. Det blir lite upprepningar och många hänvisningar framåt och bakåt. Om det mesta är okänt kan du behöva läsa detta kapitel flera gånger och även andra böcker.

För TCP/IP används oftast en femlagersmodell, vars implementation kallas en stack. Modellen kan se ut som i figur 5.1

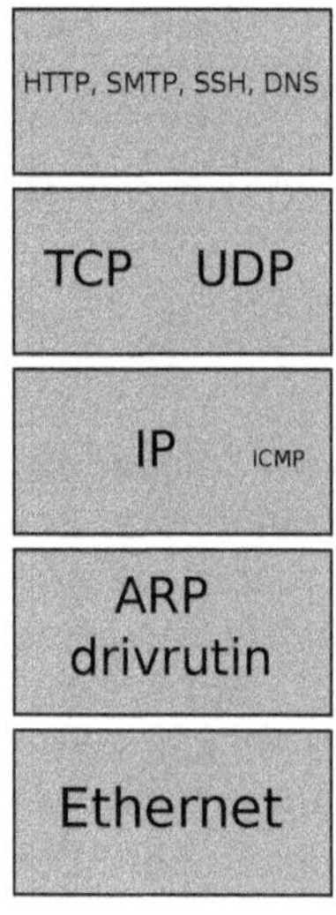


Figur 5.1: *Femlagersmodell för TCP/IP*

Nedersta lagret är det fysiska; ettor och nollor som representeras elektriskt eller med ljus. Nästa lager uppåt är det logiska länklagret, som i fallet med Ethernet består av drivrutin i kärnan och hårdvaruadress (MAC-adress) som via ARP kopplas till nästa lager IP. Detta lager, nätverkslagret är det jag har beskrivit i ovanstående stycke om IP, mask och gw. Ovanför finns transportlagret med TCP och UDP och ovanför detta finns applikationslagret med till exempel

HTTP, SMTP och SSH. Känner du dig förvirrad så är det normalt. Vad är ett lager, hur hänger de ihop, varför finns de? Jag försöker förklara.

Eftersom jag har beskrivit IP tidigare börjar jag i mitten av modellen. På en dator som skickar data får IP-lagret information från antingen TCP eller UDP. IP märker ingen skillnad, det är bara indata. Men IP får även en adress att skicka datan till. Varje nytt lager neråt i modellen lägger till en header (ett huvud) med sin del av TCP/IP. För IP innehåller denna bland annat avsändarens och mottagarens IP-adresser. Header från IP och data från till exempel UDP skickas vidare till länklagret. Där läggs ytterligare en header till, med bland annat hårdvaruadresserna. Och i det fysiska lagret skickas all info ut på TP-kabeln. Fördelen med olika lager är att varje lager bara skickar data till det närmast nedanför eller ovanför på ett förutbestämt sätt, och behöver inte bry sig om vad de andra lagren gör. IP går att köra över nätverkskort (Ethernet), modem (PPP), fiberkabel (Sonet/ATM), brevduvor eller nästan vad som helst.

På den mottagande datorn går informationen nerifrån och upp. Fysiska lagret och länklagret skalar bort sin header. IP kommer se sitt paket exakt som det såg ut för IP-lagret hos sändaren. UDP kommer se sitt paket som ett UDP-paket och kan skicka det vidare till exempelvis en DNS-server i översta lagret hos mottagaren.

Varje lager "pratar" på sätt och vis med varje annat lager på samma nivå hos sändare och mottagare, och tar bara emot och skickar data uppåt eller neråt i stacken. Till exempel "pratar" en webbläsare HTTP med en webbserver på en annan dator, och skickar sina HTTP-meddelanden till kärnans TCP-lager. Det är lättast att förstå via figur 5.2.

Där ser man en stack på varje dator på samma LAN. Informationen går från applikationslagret på ena datorn neråt i stacken och sen uppåt på den andra. Huvud läggs till på vägen ner och tas bort på vägen upp. Det som transporteras på LAN:et visas i nästa bild 5.3 på en ethernetram (frame). Applikationsdata är det som programmet vill skicka. Transportlagret lägger på en UDP-header med 8 byte. Nätverkslagret lägger på 20 byte IP-header. Länklagret lägger till 14 byte ethernet-header, och 4 byte kontrollsumma (CRC) på slutet.

I IP-headern finns IP-adresser för sändare och mottagare, kontrollsumma (men enbart för headern), antalet byte i hela paketet, vilket protokoll som transsportskiktet använder

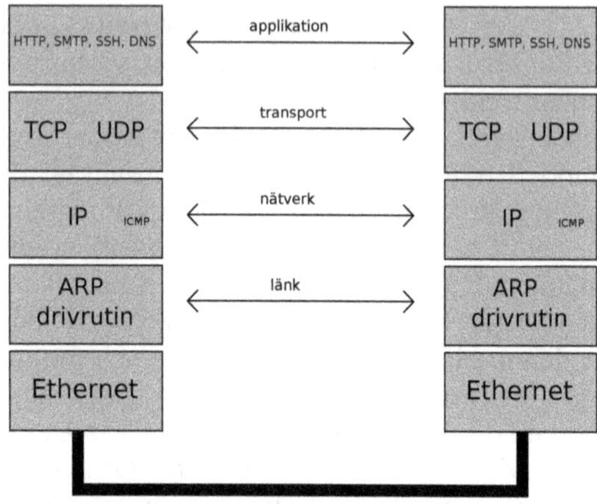


Figur 5.2: *Hur datorer kommunicerar via TCP/IP*

| Ethernet header | IPv4 header | UDP header | Applikationsdata (t.ex. DNS, NFS, RTP) | CRC |
|---|---|---|---|---|
| 14 bytes | 20 bytes | 8 bytes | 18-1472 bytes (i skalan här 58 bytes) | 4 |

Figur 5.3: *Ethernetram*

(UDP eller TCP) och ett TTL-värde (Time to live, det räknas ner för varje router som passeras). Det finns några fält till, men dessa är de viktigaste.

I UDP-headern finns portnummer för sändare och mottagare (lite annat också) Mer detaljer finns i 5.5.2.

I Ethernet-headern finns MAC-adress för sändare och mottagare på LAN:et. Alltså adressen till din router om det är ett paket som ska vidare ut på Internet, men om trafiken är till en dator på samma subnät (LAN) så är det dess MAC-adress som står som mottagare.

IP-paket levereras och adresseras alltid från respektive ändpunkt. Ska det från datorn 194.47.250.234 till 173.194.34.174 så är det dessa adresser i IP-headern hela tiden under paketets väg, från Datorföreningen i Lund till Google. Däremot varierar vilka adresser som används i länklagret för varje nät som passeras. Applikationsdatan eller UDP/TCP huvudet ändras inte under vägen, och det enda som förändras (normalt sett) i IP-huvudet är TTL och kontrollsumman.

Så här kan ett nät med två datorer, en switch och en router se ut.

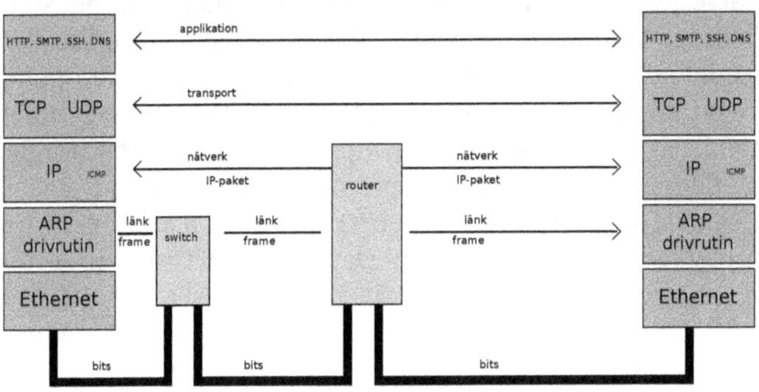


Figur 5.4: *Nät med datorer, switch och router*

Switchen jobbar på fysiska och länklagret, den bryr sig enbart om MAC-adresser. De enheter den tar emot och skickar kallas ramar (frames).

Routern jobbar främst på IP-nivån, där den även har en egen adress. Men den har förstås även egna nätverkskort med varsin MAC-adress för att prata med switchen till vänster och datorn till höger. Det routern förändrar i IP är enbart TTL och kontrollsumma.

Switchar och routrars huvuduppgift är att välja väg på respektive nivå. Switchen har många fysiska portar och skickar bara till den där rätt dator är ansluten. Förut fanns det hubbar som skickade allt på alla sina portar, men de är sällsynta numera. Även routern är ansluten till flera nät, och väljer vart den skickar paketen beroende på destination på IP-nivå.

På det lägsta lagret är det bara ettor och nollor i någon fysisk representation. Och varken switch eller router förändrar något på transport- eller applikationsnivån.

En router med NAT (bredbandsdelare) gör mycket mer än att räkna ner TTL, den skriver om både IP-adresser och portar, mer om NAT finns i stycke 7.5, här handlar det mer om "riktiga" routrar på företag och ute på Internet.

## 5.4 Protokoll

Du har nog redan en viss aning om vad ett protokoll för nätverkskommunikation är. Datorer är exakta maskiner som behöver väldefinierade regler för allt de ska göra. En stor fördel med protokollen i TCP/IP-familjen är att de är öppna standarder, vem som helst kan läsa vad varje etta och nolla ska betyda. Alla förslag på nya protokoll eller förbättringar av de gamla publiceras på Internet i dokument som kallas RFC:er (Request For Comments). De finns bland annat på http://www.rfc-archive.org/. Den första RFC:n kom 1969 och nu finns det över 6000. IP beskrivs i RFC791, ICMP i RFC792 och TCP i RFC793. Brevhuvud för e-post beskrevs först i RFC822, men nu är det RFC2822 som gäller för det. Jag kommer att hänvisa till flera RFC:er senare i detta kapitel.

Eftersom alla tillverkare av operativsystem och hårdvara kan läsa de öppna specifikationerna kan olika tillverkares system "prata" med varandra utan problem. Innan TCP/IP började dominera hade olika tillverkare ofta egna protokoll: Novell hade IPX, IBM SNA osv. Men som någon har sagt: *"Protokollkrigen är över, TCP/IP vann"*. Det är inte helt sant, det finns några proprietära (företagsägda) protokoll kvar. Men IP och TCP dominerar. Internet bytte till IP första januari 1983. Nätet hette fortfarande Arpanet då, och bestod av ca 400 datorer som alla bytte protokoll den dagen.

Ett protokoll kan ofta delas upp i huvud (header) och data. Huvudet har fördefinierade fält med bestämd betydelse. Det som skickas på nätet är ettor och nollor enligt någon konvention, och hur dessa tolkas beror på vilket protokoll som används.

Protokoll handlar alltså om både syntax och semantik. Och det är noga med detaljerna – är ett enda tecken fel så slänger mottagaren meddelandet utan att meddela sändaren. Med TCP märker sändaren det och skickar igen, men inte alltid med UDP.

## 5.5 ARP, UDP, TCP

### 5.5.1 ARP

Som jag nämnde i 5.3 används MAC-adresser på länknivån och IP-adresser på nätverksnivån. Dessa måste kopplas ihop på något vis. I version 4 av IP görs detta med ARP, Address Resolution Protocol.

ARP använder länklagrets broadcastadress för att skicka en fråga till alla enheter på LAN:et. En nystartad dator kan skicka ut ”Vem har IP 192.168.0.1?”, och den som känner igen den adressen svarar ”IP 192.168.0.1 finns på 00:1B:21:AF:B3:22”. Egentligen är det bara fält i ett ARP-huvud, men kollar man kommunikationen med t.ex. tcpdump ser man rader som liknar:

```
ARP, Request who-has 192.168.3.1 tell 192.168.3.3
ARP, Reply 192.168.3.1 is-at 00:1b:21:af:b3:22
```

Du kan kolla själv med:

```
sudo /usr/sbin/tcpdump -n -i eth1 arp
```

(Byt ut mot lämpligt interface, och ta bort -n om du vill slå upp namnen i DNS)

### 5.5.2 UDP

| 0 | 16 31 |
|---|---|
| Källport för UDP | Destinationsport |
| Meddelandelängd | Kontrollsumma |
| Data | |
| Data | |

Figur 5.5: *UDP-header*

I figur 5.5 finns en header för ett av de enklaste protokollen, UDP (User Datagram Protocol). UDP ligger på transportlagret, ovanför IP. Huvudet består enbart av fyra fält som alla består av 16 bitar. Resten är data. Bit 0 till 15 anger källans port, bit 16 till 31 anger destinationsporten. En IP-adress leder oss till rätt dator, men för att bestämma vilket program på den datorn som ska ta emot datan används en abstraktion som kallas port. Portar är alltså egentligen bara ett 16-bitars tal (0-65535) som ingår i UDP-huvudet (eller TCP-huvudet för de protokoll som använder TCP som transportlager).

Utöver två portnummer anger UDP-huvudet meddelandets totala längd och en frivillig kontrollsumma.

Vissa protokoll använder standardportar, till exempel 53 för DNS. Källporten kan ha ett godtyckligt värde, men om destinationsporten är 53 vet mottagaren att paketet ska skickas vidare till programvaran som agerar namnserver. När namnservern svarar använder den källporten från sändarens UDP-paket som destinationsport, och givetvis den ursprungliga frågarens IP-nummer som destination på nätverksnivå. Totalt behövs fyra uppgifter för att identifiera en förbindelse: sändarens IP och port, plus mottagarens IP och port. Att man använder portar medför att varje dator kan utföra många olika tjänster. Detta brukar kallas multiplexing och demultiplexing.

### 5.5.3 TCP

UDP, eller IP, har ingen kontroll av att paketen kommer fram, eller att de kommer i rätt ordning, eller om de kommer dubbelt. För detta behövs TCP. Förkortningen står för Transmission Control Protocol. TCP är mera komplicerat än UDP, och jag går inte in på alla detaljer. Först visar jag headern i figur 5.6

| 0 | | | | | | | | 16 … 31 |
|---|---|---|---|---|---|---|---|---|
| Källport för TCP | | | | | | | | Destinationsport |
| Sekvensnummer | | | | | | | | |
| ACK-nummer | | | | | | | | |
| HL | reserv | U | A | P | R | S | F | Fönsterpekare |
| Kontrollsumma | | | | | | | | Urgentpekare |
| Options eller data | | | | | | | | |
| Data | | | | | | | | |

Figur 5.6: *TCP-header*

Även TCP har portar för att veta vilken process informationen ska skickas till. En TCP-förbindelse kan unikt identifieras med ett fyrtal: IP-nummer och port på avsändare och mottagare, dessa kallas även sockelpar (socket pair). En TCP-förbindelse är alltid dubbelriktad, om det inte kommer data mer än åt ett håll kommer det ändå paket åt andra hållet som bekräftar vad som har tagits emot. Dessa kallas Ackar (Acknowledgements). I headern ser du en flagga som heter A eller ACK, den biten är satt om paketet är en ACK. Dessa paket kan även skicka annan data. TCP är en ström av bytes, sekvensnumret anger var i strömmen man är nu. IP är ett opålitligt protokoll, paket kan både försvinna, komma i fel ordning och komma dubbelt. Men det hanterar TCP genom omsändning och diverse timers.

Portnummer för vanliga tjänster är

Tabell 5.5: Portar

| | |
|---|---|
| SSH | 22 |
| SMTP | 25 |
| HTTP | 80 |
| HTTPS | 443 |

Flera kan du se med `less /etc/services`.

## 5.6 HTTP och SMTP

Många applikationsprotokoll är textbaserade. Det gäller för såväl HTTP som SMTP. Det går att simulera en webbläsare genom att ansluta till port 80 med telnet:

```
[ao@a ~]$ telnet www.df.lth.se 80
Trying 194.47.250.11...
Connected to www.df.lth.se.
Escape character is '^]'.
GET /

<html xmlns="http://www.w3.org/1999/xhtml">
<head>
<title>Datorföreningen vid LU &amp; LTH</title>
```

Vissa servrar kräver mer än GET, t.ex. version av http (1.1) och vilket hostname man ansluter till. Och ibland får man statuskod 302, att dokumentet är flyttat. Men att telnetta till port 80 är ett enkelt sätt att testa att en webbserver svarar.

## 5.7 IPv6

IPv6 är en nyare version av IP. Där är adresserna 128 bitar långa, och anges med hexadecimala siffror. Till exempel 2a00:1450:4010:c03::67

Två kolon anger att adressen innehåller enbart nollor däremellan. Den fullt utskrivna adressen för denna dator (ipv6.google.com) skulle bli 2a00:1450:4010:0c03:0000:0000:0000:0067 Alltså 8 grupper av 4 hexadecimala siffror. Men inledande nollor i varje grupp kan utelämnas och på max ett ställe kan nollor bytas ut mot kolon.

Med IPv6 är nätmasken ofta /64. Alltså är varje subnät mycket större än hela IPv4-Internet. Det gör att man inte behöver använda NAT.

I IPv6 är headern enklare än i IPv4. Broadcasting används inte, enbart multicast.

## 5.8 Lästips

Två lättlästa böcker på svenska är:

- Maria Kihl. *Datakommunikation : en inledande översikt*. Studentlitteratur, Häftad 2006, e-bok 2010.
- Maria Kihl & Jens A. Andersson. *Internet*. Studentlitteratur 2008.

Standardverk på engelska är:

- Douglas E. Comer. *Internetworking with TCP/IP*. Addison-Wesley 2005.
- Kevin R. Fall & W. Richard Stevens. *TCP/IP Illustrated*. Addison-Wesley 2011.

# Kapitel 6

# TCP/IP i praktiken

## 6.1 Konfigurationsfiler

Var inställningar sparas varierar mellan de olika distributionerna. Men det är förstås i textfiler, även om man även kan göra det grafiskt är det bra att känna till hur man gör det i Vim eller Emacs.

## 6.2 Konfigurationsfiler Red Hat

I Red Hat-baserade distar sparas IP och mask för varje interface i en separat fil under `/etc/sysconfig/network-scripts/`. Till exempel `ifcfg-eth0`, `ifcfg-eth1` och `ifcfg-eth0:0` (den sistnämnda ifall man har flera IP på samma kort).

Innehållet kan se ut så här för en dator som får dynamiskt tilldelat IP:

```
# nVidia Corporation MCP55 Ethernet
DEVICE=eth0
HWADDR=00:1D:60:CB:F1:34
ONBOOT=yes
BOOTPROTO=dhcp
```

Och för ett interface med statiskt IP (som man oftast har på servrar):

```
# VIA Technologies, Inc. VT6105 [Rhine-III]
DEVICE=eth0
HWADDR=00:11:95:86:29:A2
IPADDR=85.231.1.37
IPV6ADDR=
IPV6PREFIX=
NETMASK=255.255.254.0
BROADCAST=85.231.1.255
NETWORK=85.231.0.0
GATEWAY=85.231.0.1
ONBOOT=yes
```

Denna dator har bara IPv4 konfigurerat, men man ser nyckelorden även för IPv6. Första raden är bara en kommentar. Raden med DEVICE är lätt att glömma att ändra om man kopierar en fil, som från `ifcfg-eth2` till `ifcfg-eth1` om man vill byta plats på dem. Numrering av korten börjar med 0. HWADDR är MAC-adressen. De andra är ganska uppenbart vad de är. Har man glömt bort vad nyckelorden heter kan man kolla dokumentation med:

```
less /usr/share/doc/initscripts-*/sysconfig.txt
```

(jag anger * i stället för versionsnummer som kan variera).

Nätverksinställningar som är gemensamma för alla interface sparas i `/etc/sysconfig/network` Den kan se ut så här:

```
NETWORKING=yes
HOSTNAME=einstein.df.lth.se
```

(I äldre versioner angav man även GATEWAY i den filen). För att starta om nätverket efter ändringar kör man:

```
/etc/init.d/network restart
```

Inget ändras alltså direkt när man ändrar i filerna. Vill du byta IP-nummer på en maskin som du är inloggad på utifrån kan du alltså ändra i ifcfg-eth0, dubbelkolla att allt är rätt, eventuellt även ändra i `/etc/hosts` och `/etc/resolv.conf` och sen köra `sudo reboot`. Du bör avinstallera NetworkManager på servrar och andra maskiner med statiskt IP-nummer. Det gör man med:

```
sudo rpm -e NetworkManager NetworkManager-gnome
```

(Den med -gnome finns bara om du har grafiskt gränssnitt installerat.)

## 6.3 Konfigurationsfiler Debian

I Debian och Ubuntu sparas nätverksinformationen i en fil som heter `/etc/network/interfaces` Den kan se ut så här:

```
# The loopback network interface
auto lo
iface lo inet loopback

# The primary network interface
auto eth0
iface eth0 inet static
        address 93.182.128.66
        netmask 255.255.255.248
        network 93.182.128.64
        broadcast 93.182.128.71
        gateway 93.182.128.65
        dns-nameservers 93.182.182.85
        dns-search adderat.se

auto eth1
iface eth1 inet static
        address 192.168.0.1
        netmask 255.255.255.0
        network 192.168.0.0
        broadcast 192.168.0.255
```

Man anger alltså inställningar för alla interface i samma fil. Raden med `auto eth0` anger att eth0 ska startas vid boot, och rader med `iface` inleder konfiguration för respektive interface. I filen har man ofta indrag som gör texten mer tydlig.

## 6.4 ifconfig och ip

För att kolla vilka IP-nummer och annat som används kan man köra `/sbin/ifconfig`. Utdata från det kommandot kan se ut så här:

```
eth0 Link encap:Ethernet HWaddr 00:24:8C:56:9D:0A
inet addr:194.47.250.234 Bcast:194.47.250.255
Mask:255.255.255.0
inet6 addr: fe80::224:8cff:fe56:9d0a/64 Scope:Link
UP BROADCAST RUNNING MULTICAST MTU:1500 Metric:1
RX packets:89181382 errors:0 dropped:0 overruns:0
frame:0
TX packets:42064625 errors:0 dropped:0 overruns:0
carrier:0
collisions:0 txqueuelen:1000
RX bytes:45161883888 (42.0 GiB)
TX bytes:52540751326 (48.9 GiB)
Interrupt:25 Base address:0x8000

lo Link encap:Local Loopback
inet addr:127.0.0.1 Mask:255.0.0.0
inet6 addr: ::1/128 Scope:Host
UP LOOPBACK RUNNING MTU:16436 Metric:1
RX packets:30869 errors:0 dropped:0 overruns:0 frame:0
TX packets:30869 errors:0 dropped:0 overruns:0 carrier:0
collisions:0 txqueuelen:0
RX bytes:47404698 (45.2 MiB) TX bytes:47404698 (45.2
MiB)
```

Det man bör kolla i utdatan från ifconfig är att IP-nummer och mask är rätt, att det står UP och att räknarna för olika fel står på 0. Gränssnittet lo är loopback, det måste alltid finnas och har alltid adressen 127.0.0.1. Vanliga nätverkskort har namn som eth0 och eth1.

Med ifconfig kan man även göra tillfälliga ändringar, till exempel genom `sudo /sbin/ifconfig eth1 192.168.0.12` för att tilldela detta IP-nummer. Nätmask blir den som är standard för klass A, B och C, vill man ha en annan får man ange det:

```
ifconfig eth1 192.168.0.12 netmask 255.255.255.240
```

Ändringar som man gör på detta vis sparas inte över en reboot, så mer permanenta ändringar bör göras i konfigurationsfilerna.

Vill du tilldela en extra adress till ett befintligt interface använder du ett alias, som anges med kolon. Till exempel `sudo /sbin/ifconfig eth0:0 192.168.22.100`, då behåller det vanliga eth0 sina inställningar. Du kan ha många olika adresser med eth0:0, eth0:1, eth0:2 osv.

För att ange default gateway kan man använda kommandot `route`. Så här:

```
sudo /sbin/route add default gw 192.168.0.1
```

För att visa routingtabellen skriver man endast `route` eller `netstat -rn`. Kommandot netstat funkar även på andra UNIX-system där kommandot route inte finns eller har annan syntax.

Ett nyare kommando för att ändra nätverksinställningar är `ip`, även det brukar ligga i katalogen /sbin. Med `ip` kan man göra samma ändringar som med `ifconfig`, `route` och mycket mera. Se `man ip` för mer info.

## 6.5 Felsökning av nätverk

Ett vanligt kommando för att kolla om två datorer kan nå varandra är `ping`. Det skickar ICMP echo request och tar emot echo reply. Exempel:

```
[ao@a GLAN]\$ ping google.se
PING google.se (173.194.69.94) 56(84) bytes of data.
64 bytes from bk-in-f94.1e100.net (173.194.69.94):
 icmp_seq=1 ttl=45 time=48.0 ms
64 bytes from bk-in-f94.1e100.net (173.194.69.94):
 icmp_seq=2 ttl=45 time=48.1 ms
64 bytes from bk-in-f94.1e100.net (173.194.69.94):
 icmp\_seq=3 ttl=45 time=48.1 ms
^C
--- google.se ping statistics ---
3 packets transmitted, 3 received, 0\% packet loss,
 time 2498ms\\
rtt min/avg/max/mdev = 48.072/48.115/48.172/0.042 ms
[ao@a GLAN]$
```

Du avslutar alltså med **ctrl-c**, eller anger antalet ping med `-c siffra`. Det är inte alla datorer, routrar och brandväggar som släpper igenom ping, men google.se, ping.lu.se och ping.se är tre man kan testa med.

Vill du bara slå upp en dators namn i DNS är det bättre med `dig` eller `nslookup` än att pinga dem.

Felsökning bör man göra systematiskt. Till exempel först pinga din egen dator, det IP som ifconfig visar. Sen din gateways IP och eventuellt en annan dator på samma LAN. Går de att nå via IP-nummer, men inte via namn så är det `/etc/resolv.conf` du ska titta på. Går de inte ens att nå via IP-nummer kan du kolla kablar och switchar, utdata från `dmesg|grep eth` och köra kommandot `ethtool`. Ifall du har kontakt med LAN men inget utanför bör du kolla så du har rätt gateway. Om du har kontakt utåt men inte alla datorer på LAN:et bör du kolla nätmasken.

Två andra bra kommandon vid felsökning är `traceroute` och `tracepath`. Dessa visar vilken väg paketen tar till mottagaren:

```
[ao@a ~]$ tracepath ping.lu.se
1:  h87-96-232-78.dynamic.se.alltele.net (87.96.232.78)
      0.049ms pmtu 1500
1:  h87-96-232-1.dynamic.se.alltele.net (87.96.232.1)
      0.775ms
1:  h87-96-232-1.dynamic.se.alltele.net (87.96.232.1)
      0.671ms
2:  93.182.178.145 (93.182.178.145)
      1.476ms
3:  h87-96-255-42.dynamic.se.alltele.net (87.96.255.42)
      1.443ms
4:  semal0001-rc3.ip-only.net (82.99.32.69)
      1.076ms
5:  semal0001-rc2.ip-only.net (62.109.44.126)
      4.133ms
6:  c2sth-ge-5-1-0.sunet.se (195.69.117.19)
      1.292ms
7:  t1fre-ge-5-1-1.sunet.se (130.242.82.101)
      10.722ms asymm  9
8:  m1fre-ae1-v1.sunet.se (130.242.83.45)
      10.701ms asymm  9
9:  lu-br1-xe-1-2-0.sunet.se (130.242.85.2)
      20.295ms asymm 10
10: lu-g.sunet.se (193.11.20.10)
      29.109ms asymm 11
11: c002--x001.net.lu.se (130.235.217.13)
      25.302ms asymm 12
12: d001a--c002.net.lu.se (130.235.217.34)
      23.842ms asymm 13
```

```
13: nomina.net.lu.se (130.235.132.90)
      20.500ms reached
     Resume: pmtu 1500 hops 13 back 242
[ao@a ~]$
```

Där ser man vägen från min dator till ping.lu.se (även kallad nomina). (Raderna är brutna här i boken, egentligen kommer tiden direkt efter namnet.) Först på allteles nät, sen på IP-Onlys och i Stockholm (Netnod) över till Sunet och ner till Lund igen. Det är inte heller alla routers som släpper igenom de paket som traceroute och tracepath använder. Ofta visas enbart * i stället för namn. Ibland funkar den ena men inte den andra. Men när de funkar kan man se vilka ställen som tar mest tid (t.ex. hopp över Atlanten). Och om det inte funkar kan man se var det stannar. Ibland hoppar paketen fram och tillbaka mellan två eller tre routrar, så kallad loop. Det beror ofta på felkonfiguration eller annat tillfälligt fel.

En annan vanlig källa till fel och problem är felkonfigurerad brandvägg. Se mer om den i nästa kapitel.

## 6.6 ethtool

Jag nämnde tidigare `ethtool`. Det är ett bra program för att felsöka på länknivån. Så här kan utdata se ut för ett gigabitkort kopplad till en switch med 100 Mbps:

```
$ sudo /sbin/ethtool eth0
Settings for eth0:
Supported ports: [ TP MII ]
Supported link modes:   10baseT/Half 10baseT/Full
                        100baseT/Half 100baseT/Full
                        1000baseT/Half 1000baseT/Full
Supported pause frame use: No
Supports auto-negotiation: Yes
Advertised link modes:  10baseT/Half 10baseT/Full
                        100baseT/Half 100baseT/Full
                        1000baseT/Half 1000baseT/Full
Advertised pause frame use: Symmetric Receive-only
Advertised auto-negotiation: Yes
Link partner advertised link modes:
                        10baseT/Half 10baseT/Full
                        100baseT/Half 100baseT/Full
```

```
Link partner advertised pause frame use: Symmetric
Link partner advertised auto-negotiation: Yes
Speed: 100Mb/s
Duplex: Full
Port: MII
PHYAD: 0
Transceiver: internal
Auto-negotiation: on
Supports Wake-on: pumbg
Wake-on: g
Current message level: 0x00000033 (51)
       drv probe ifdown ifup
Link detected: yes
$
```

Det man bör kolla är sista raden, att det finns länk. Även att Speed och Duplex är rätt. I de fall där auto-negotiation inte fungerar rätt så kan du sätta hastighet manuellt, till 100 Mbps och FD med:

```
ethtool -s eth0 speed 100 duplex full autoneg off
```

Om du glömmer att stänga av autoneg så kommer switchen kanske att förhandla fram fel hastighet eller halv duplex. Bäst är förstås om det blir rätt automatiskt, men jag har råkat ut för switchar som gör fel, ibland enbart på vissa portar. Om det är möjligt bör du även låsa switchporten till samma hastighet och duplex som datorn. Ibland kan man även behöva låsa hastigheten till 10 Mbps, men det är en nödlösning. Du får prova dig fram, och kolla inställningarna med `ethtool`, gärna med några `ping -f` av din gw mellan testerna. Symtom på felaktiga duplexinställningar är paketförlust, kollisioner och låg prestanda.

# Kapitel 7

# Brandväggar

## 7.1 Allmänt om brandvägg

En brandväggs uppgift är att upprätthålla din säkerhetspolicy. Detta genom att släppa igenom viss trafik och spärra annan, beroende på saker som destinationsport, avsändaradress, tcp-flaggor (SYN, ACK, FIN osv). En brandvägg bör sällan vara enda skyddet. Ifall du vill köra servertjänster som webbserver eller mailserver måste dessa givetvis ha öppna portar (t.ex. http:80, smtp:25) vilka brandväggen ska släppa igenom, normalt sett för alla IP om det ska vara publika tjänster. Då bör man se till att hålla serverprogrammen uppdaterade med de senaste säkerhetsfixarna. Å andra sidan, om man på en Linux- eller UNIX-burk inte kör några tjänster kan man klara sig bra utan brandvägg, lyssnar inte datorn på någon port kan den svårligen göras intrång på utifrån.

Normalt har man dock nytta av brandvägg; man kör kanske tjänster som bara ska vara lokalt åtkomliga, eller har flera datorer (kanske med osäkra operativsystem) som ska dela på en internetförbindelse. En brandvägg kan även skydda mot rena misstag, som att root startar någon osäker demon (medvetet eller omedvetet). Man måste tänka på att säkerhet är en mångfasetterad och ständigt pågående process, inte bara ett program man installerar och sen glömmer bort eller en liten låda med blinkande lysdioder.

## 7.2 Brandväggen som följer med

Vill du köra den brandvägg som är standard i Red Hat så kan du konfigurera den med `sudo system-config-firewall-tui` (eller `system-config-firewall` i X). Deras brandvägg räcker bra för en server med till exempel enbart SSH och webbserver, även för enkel NAT. Men vill du ha mer avancerade funktioner bör du lära dig att skriva egna regler.

## 7.3 Netfilter/iptables

I Linux heter kärnans del av brandväggen egentligen Netfilter, men oftast kallar man alltihop iptables, efter vad kommandot för att ange reglerna heter.
Iptables har stöd både för tillståndslös- (stateless) och tillståndsfiltrering (stateful inspection). Varje kedja består av ett antal regler. Standardtabellen filter har tre kedjor: INPUT, OUTPUT och FORWARD. INPUT är trafik in till processer på den lokala maskinen, OUTPUT är kedjan för trafik genererad lokalt. Kedjan FORWARD är för paket som går in på ett interface och ut på ett annat, dvs när datorn fungerar som en router.

Med `iptables -P INPUT DROP` anger man att standardpolicyn för tabellen INPUT ska vara att tyst droppa paketen (utan att skicka tcp-RST eller något icmp-meddelande) Ett exempel på syntaxen för en regel är:

```
iptables -A INPUT -p TCP -i eth0 -s 192.168.44.20
--dport 22 -j ACCEPT
```

vilket tillåter inkommande SSH från ett specifikt IP-nummer och endast på ett visst nätverkskort (eth0).

En regel i iptables har oftast två delar: något man kollar och något man gör om det matchar. Som regeln ovan matchar man efter protokoll, interface, källadress och destinationsport. Om alla dessa matchar hoppar man till målet (-j target) ACCEPT och inga flera regler kontrolleras. Skulle paketet kommit från ett annat IP skulle man gått vidare till nästa rad osv tills någon matchar (first-match-wins), och om ingen regel stämmer in blir det standardpolicyn som gäller (DROP ifall man kör med deny-all).

## 7.4 State/tillstånd

Begreppet state översätter vi med tillstånd. Det gäller främst TCP som i sig är ett förbindelseorienterat protokoll (stateful, connection-oriented), men även viss UDP kan av iptables tolkas som att ha tillstånd (även om det egentligen är separata paket). Vid anslutning med TCP skickar klienten först ett paket med flaggan SYN, servern svarar med SYN och ACK med nästa byte den förväntar sig, klienten svarar med en ACK av detta paket. Därmed är trevägshandskakningen avklarad och förbindelsen upprättad, vilket ses som "established" i netstat. Även iptables använder ordet ESTABLISHED för detta läge.

Tillståndet där förbindelsen håller på att upprättas, SYN mottagen men SYN, ACK ej sänt, kallas av iptables för NEW. Det är det man ofta vill stoppa eller tillåta beroende på port, IP, interface eller liknande. Det finns även ett tillstånd RELATED, det är mer komplicerat och används för att tillåta protokoll som öppnar en ny förbindelse, t.ex. FTP i port mode. Även ett svar på utgående ping (ICMP echo request) tolkar den som ett relaterat paket.

Man använder tillståndsinspektion genom att använda -m state, ofta har man en gemensam regel:

```
iptables -A FORWARD -m state
--state ESTABLISHED,RELATED -j ACCEPT
```

och en rad för varje port/tjänst man vill tillåta, t.ex. om man har en webbserver innanför brandväggen:

```
iptables -A FORWARD -i eth0 -o eth1 -p tcp
--dport 80 -m state --state NEW -j ACCEPT
```

(ifall det inte är publik adress innanför krävs även DNAT för detta, mera nedan)

## 7.5 NAT

NAT betyder Network Address Translation. Det finns både SNAT och DNAT. Source-NAT (SNAT) är den vanligaste. Ifall en intern dator skickar paket ut mot Internet skriver brandväggen om källadressen i IP-huvudet så paketet ser ut att komma från brandväggens publika IP-nummer och en ledig port på denna. Mappningen mellan internt IP/port och externt IP/port sparar kärnan, så när det kommer ett svar från t.ex. en webbserver så skickar iptables tillbaka till rätt intern dator på rätt port så klientprogrammet inte märker att adressen har översatts. Exempel på detta är:

```
iptables -A FORWARD -m state --state NEW -i ! eth0
-j ACCEPT
```

Denna regel i FORWARD-kedjan tillåter nya anslutningar inifrån men inte från det yttre interfacet. Sen

```
iptables -t nat -A POSTROUTING -o eth0
-s 192.168.44.0/24 -j SNAT --to $MYIP
```

där man använder tabellen nat och kedjan POSTROUTING på det utgående interfacet eth0 för alla källadresser på det privata (RFC1918) nätet. MYIP är en variabel för brandväggens externa IP-nummer, den lägger man till i början av skriptet, t.ex:

```
MYIP=194.47.250.234
```

NAT kräver att man har raden med `--state ESTABLISHED,RELATED` i FORWARD-kedjan, eftersom Netfilter måste hålla reda på vilka tillstånd de olika NAT:ade förbindelserna är i. Det krävs även att ip-forwarding är påslagen i kärnan, det gör man via:

```
echo 1 > /proc/sys/net/ipv4/ip_forward
```

DNAT, destination NAT, används för att ge åtkomst till interna servrar utifrån, t.ex. om man har angett raden med `--dport 80` ovan och vill ha DNAT till en webbserver på 192.168.44.30 skriver man:

```
iptables -A PREROUTING -t nat -d $MYIP -p tcp
--dport 80 -j DNAT --to 192.168.44.30:80
```

Detta gör att trafik in till port 80 på brandväggen skrivs om så den kan adresseras på det interna LAN:et.

## 7.6 DMZ

På företag vill man ofta separera publika servrar från resten av nätverket. Då kan man sätta upp ett DMZ, en "demilitarized zone", eller perimeternätverk. Detta kan man göra genom att ha två brandväggar. Sett utifrån först en brandvägg B1 med både SNAT och DNAT, med "port forwarding" via DNAT till en eller flera servrar i DMZ. Dessa servrar har B1 som default gateway. På detta LAN sitter även ena nätverkskortet på brandvägg B2, som har sitt andra interface på det LAN där användarnas arbetsstationer sitter. B2 kör endast SNAT. Detta gör att om någon kan göra intrång på en server och på så vis passera B1 kommer de inte vidare genom B2. Servrar som bara används internt kan placeras mellan B1 och B2 (i DMZ) ifall dess tjänster behöver kommas åt från de andra servrarna där, eller innanför B2 om de bara behöver kommas åt från arbetsstationerna.

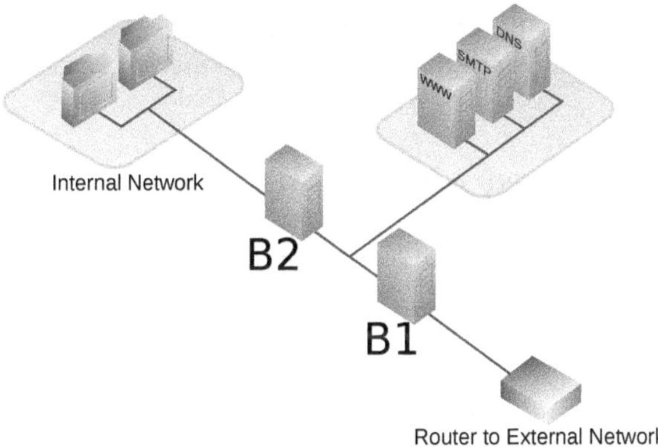


Figur 7.1: *DMZ*

## 7.7 Loggning

För att logga paket finns två alternativa targets, LOG och ULOG. De används som andra targets, men de avbryter inte kedjan utan bara fortsätter till raden nedanför. Vill man bara logga allt som passerar till kedjans policy avslutar man med:

```
iptables -A INPUT -j LOG
```

Vill man logga allt som stannar vid en viss regel skriver man samma matchning med target LOG på raden ovanför. T.ex:

```
iptables -A INPUT -p tcp -s 207.46.197.32
--dport 22 -j LOG
iptables -A INPUT -p tcp -s 207.46.197.32
--dport 22 -j DROP
```

Om man både vill logga och spärra SSH-anslutning från den IP-adressen. Allt med target LOG skickas vidare till vanliga syslog, med facility kernel och priority warning. Detta betyder med andra ord att det skrivs till /var/log/messages eller motsvarande fil. Det kan bli en hel del rader i loggarna.

Target ULOG skickar istället till en separat process, ulogd, skild från systemets vanliga loggning. Ofta struntar man helt i loggning, det som stoppas kommer ju inte in ändå, och logga allt som passerar skulle bli för mycket. Det kanske inte är så intressant att se hur ofta man portscannas. Men som felsökning kan en rad med `-j LOG` vara mycket värdefull.

## 7.8 Diverse tips

Vill man matcha mer än en port finns det två sätt:

```
iptables -A INPUT -p tcp --dport 6000:6063 -j DROP
```

om de är i följd, eller:

```
iptables -A INPUT -p tcp -m multiport
--dport 80,443 -j ACCEPT
```

för portar som inte är i följd.

För att ta bort en regel använder man `-D` istället för `-A`. `-A` lägger alltid till i slutet av kedjan (append), det är oftast det man vill. Det finns `-I` för att lägga till först och `-R` för replace, men skriver man alla reglerna i ett skript blir det mest lättläst med `-A` hela tiden.

Man bör tänka på att DNS oftast använder UDP, men byter till TCP vid långa svar:

```
iptables -A INPUT -p UDP --dport 53 -j ACCEPT
iptables -A INPUT -p TCP --dport 53 -j ACCEPT
```

Ifall man vill använda hostname i sina regler måste man tillåta DNS-trafik innan detta, men att använda IP-nummer eller nät med CIDR-notation rekommenderas, då DNS kan gå att lura i vissa fall.

Även om man kanske normalt sett tillåter allt annat ut genom brandväggen bör man stoppa SMB-fildelning:

```
iptables -A FORWARD -o $OD -p tcp -m multiport
--dport 139,445 -j REJECT
iptables -A FORWARD -o $OD -p udp -m multiport
--dport 137,138 -j REJECT
```

(där $OD är utgående interfacet) Använder man `-j REJECT` skickas icmp-port-unreachable, istället för att tyst slänga paketet som `-j DROP` gör. Detta gör att klienten slipper vänta på att TCP ska tajma ut. Det brukar rekommenderas att använda DROP mot Internet och REJECT mot sitt LAN. Det tar mycket längre tid att portscanna vid DROP.

Kärnan kan hjälpa till med en hel del annat än Netfilter, det finns flera parametrar till TCP/IP-stacken som man bör sätta i sitt brandväggsskript

Viss anti-ipspoofing: `echo 1 > /proc/sys/net/ipv4/conf/all/rp_filt`
Slå på syn-cookies (skydd mot syn-flooding attacker): `echo 1 >/proc/sys/net/ipv4/tcp_syncookies`
Stänga av ICMP echo-request till broadcast adresser (Smurf amplifier): `echo 1 >/proc/sys/net/ipv4/icmp_echo_ignore_broadcas`
Stänga av ICMP redirects
`echo 0 >/proc/sys/net/ipv4/conf/all/accept_redirects`
Stänga av source route: `echo 0 >/proc/sys/net/ipv4/conf/all/accep`
IP Bogus Error Response Protection: `echo 0 > /proc/sys/net/ipv4/icmp_i`

Vissa, men inte alla, av dessa har rätt värde som standard, men det skadar inte att slå på och av dem i skriptet.

Man bör tänka sig för om man är fjärrinloggad via SSH och uppdaterar brandväggens regler. T.ex. bör man sätta `-P INPUT ACCEPT` innan man gör en `-F INPUT`

`-F` är flush, ta bort alla regler i en kedja. Det är inte lämpligt om policyn är DROP. Jag har missat det nån gång och fått besöka datorn eller ringa kollega.

Man kan även använda cron eller at för att automatiskt återställa tidigare inställningar vid fjärradministration av `iptables`.

## 7.9 Lästips

- S. Suehring & R.L. Ziegler. *Linux Firewalls.* Pearson Education 2006.
- G.N. Purdy. *Linux iptables Pocket Reference.* O'Reilly 2004.
- Oskar Andreasson. *Iptables Tutorial* http://www.frozentux.net/documents/iptables-tutorial/

# Kapitel 8

# DNS

## 8.1 DNS-översikt

DNS betyder Domain Name System och är en global, distribuerad och hierarkisk databas för, bland annat, översättning från domännamn till IP-nummer.

Det finns nästan 4 miljarder, $2^{32}$, möjliga IP-adresser. I början av 1980-talet när Internet bestod av några tusen datorer hade alla unika namn som listades i en fil vid namn HOSTS.TXT. Detta system blev ohanterligt, så Paul Mockapetris med flera uppfann 1983 DNS. Första förslaget finns beskrivet i RFC 882 och 883. DNS är hierarkiskt, som ett träd med en gemensam rot och förgreningar där varje organisation sköter sina respektive delar. Människor har lättare att minnas namn än siffror, så via DNS kan datorer veta att ftp.df.lth.se har adressen 194.47.250.18 och att en av adresserna till www.google.com är 74.125.43.147.

På Internet finns bara ett DNS, men det består av tusentals namnservrar som är auktoritativa för en eller flera zoner. 13 namnservrar har hand om roten i trädet (som brukar ritas överst och ha en tom sträng som namn). Alla andra namnservrar vet adressen till rotservrarna. Varje domän separeras av en punkt och domännamnen förgrenas från höger (bakifrån). T.ex. datorn ftp.df.lth.se tillhör Sverige, Lunds tekniska högskola, dess datorförening och namnet är ftp. Att DNS är distribuerat innebär att i fallet ftp.df.lth.se så är det de 13 rotservrarna som vet vilka namnservrar som sköter .se, dessa vet vilka som sköter lth.se och de på lth.se vet vilka namnservrar som sköter df.lth.se. Namnservern på DF vet vilket IP-nummer som ftp.df.lth.se har. Trädets olika grenar (zoner) har alltså olika administratörer. Det finns bara ett träd, och ansvar delegeras neråt.

Figur 8.1: *Förgrenad namnrymd*

Den vanligaste programvaran för namnservrar heter BIND (Berkeley Internet Name Daemon). Men det finns numera även andra alternativ. Namnservrar kan delas in i olika typer. En indelning är master och slave. En master läser in sin information från lokala filer och en slavserver får sina uppgifter från en annan namnserver. Men för datorn som frågar är det ingen skillnad på master och slave, båda är auktoritativa för de zoner de kan besvara. En annan indelning är iterativa och rekursiva. En rekursiv server kan ta reda på vilken adress som helst, men en iterativ besvarar endast frågor för de zoner den själv har. Rekursiva servrar sparar de uppgifter som de frågas om i sin cache, så nästa gång den får en fråga om samma domän behöver den inte börja med roten. Iterativa servrar kan ses som innehållsservrar och tillhör ofta den organisation som äger respektive domän. En namnserver har ofta flera olika roller, den kan vara master för vissa zoner och slave för andra, den kan vara iterativ ut mot Internet och rekursiv in mot det lokala nätverket.

DNS är ett klient/server-system. Alla datorer som ska använda Internet är DNS-klienter. Man anger en lista med 1–3 namnservrar som de ska fråga, dessa IP får man ofta från sin internetleverantör. De servrar som klienter frågar måste vara rekursiva, det vill säga de måste kunna ta reda på svaret till vilken fråga som helst. Om min dator är inställd på att fråga namnservern med IP 87.96.254.52 (tillhör Alltele som jag får min internetanslutning från) och jag vill besöka www.google.se så börjar min dator att fråga denna namnserver. Vi antar att den inte har det eller andra svar sparade. Min dator frågar alltså Alltele om namnet www.google.se. Den vet inte svaret, men vet vem man kan fråga. Den börjar med att fråga någon av de 13 rotservrarna. Den svarar att den inte vet vilken adress www.google.se har, men vet IP till de servrar som sköter se. Allteles namnserver frågar en av dem, de vet inte heller vilken adress www.google.se har, men de vet IP till namnserver för google.se. Alltele frågar till exempel ns2.google.com, och den svarar att en av adresserna till www.google.se är 74.125.43.147. Då har Allteles namnserver fått det rätta svaret och lämnar det till min dator. Och nästa gång någon frågar kan den svara direkt så länge som svaret finns kvar i minnet. Även steg på vägen sparas, så ifall någon annan kund vill gå till t.ex. www.lu.se behöver inte den börja med att fråga rotservrarna, från min förfrågan om google.se vet Allteles namnserver minst ett IP-nummer till servrar som har hand om .se-domänen.

DNS kan ses som en stor katalog över alla datorer på nätet där informationen är utspridd och länkad från respektive föräldrazon till barnen. Detta gör att respektive företag eller organisation sköter sin lilla del av hela namnrymden, och systemet blir skalbart. Rotservrarna svarar på ca 10 000 frågor i sekunden, så ifall inget skulle cachas skulle det inte fungera. Varje zon innehåller uppgifter hur länge information ska sparas, ofta ett par dygn.

Zonfilerna är ofta vanliga textfiler, en för varje domän eller subdomän. Det finns olika slags records. Varje zon har en SOA (Start of authority). Där sparas olika time-out-värden och ett serienummer som anger för slavservrar om zonen har ändrats. Det record som anger mappning mellan namn och ip heter A. Varje dator, t.ex. en webbserver, har minst ett A-record. Ofta väljer man ett annat namn än det som används mest, t.ex. så heter www.expertmaker.com egentligen expert.expertmaker.com. Dess A-record kan vara `expert IN A 85.235.1.37`. För att ange alias kan man använda CNAME-records, man kan t.ex. ha `www IN CNAME expert` för den nyss nämnda datorn. Fördel med CNAME är att man knyter namnet för en tjänst som www eller ftp till ett annat namn och lättare kan byta vid behov. Men man kan även ha flera A-records (vilket är det som används för www.expertmaker.com). För mappning åt andra hållet (reverse, från IP till namn) används ett record som heter PTR. Detta kan ligga på en annan namnserver och sköts ofta av internetleverantören. För att ange namnservrar används NS-records.

DNS är ett system som har ca en miljard användare, många dagligen, de flesta utan att veta hur det fungerar.

Och för att ha uppfunnits på 80-talet har det klarat tidens tand väl. Gör man rätt från början behöver man sällan ändra.

## 8.2 Innehåll i zoner – Resursposter

De enskilda posterna i DNS kallas Resource Records (RR), på svenska kan de kallas resursposter. De vanligaste är SOA, NS, A, AAAA, PTR, CNAME och TXT. Jag beskrev kort några av dem i inledningen till detta kapitel, men de är så viktiga att de förtjänar att upprepas. Först i en tabell och sen med beskrivning.

Tabell 8.1: Resursposter

| | | |
|---|---|---|
| SOA | Start Of Authority | Beskriver en zon |
| NS | Name Server | Pekar på namnservrar |
| A | Adress | Från namn till IPv4 |
| AAAA | v6-adress | Från namn till IPv6 |
| PTR | Pointer | Från IP till namn |
| MX | Mail Exchange | För e-post |
| CNAME | Canonical Name | Alias, annat namn |
| TXT | Text | Diverse text |

Det finns flera, men dessa är de vanligaste. Jag berättar lite om var och en.

### 8.2.1 A

A-poster är hjärtat av DNS. De pekar från namn till IP. Till exempel: `google.com. 300 IN A 209.85.149.99`
Syntaxen för A-poster är:
`namn [TTL] [Klass] A IP-adress`
Time to live är frivilligt att ange för varje post, enklare är att använda $TTL i början av zonfilen. Klass är nästan alltid IN=Internet så även den kan man hoppa över. Det viktigaste är namnet i början på raden, typen A och IP-numret. Exempel på andra giltiga versioner av A-post är: `www A 194.47.250.11`

`ftp A 194.47.250.18`

Där är TTL och klass överhoppad, och namnet är inte fullständigt. Zonfiler fungerar så att om man inte avslutar ett namn med en punkt så används standardzonen (den anges med $ORIGIN i början av zonfilen eller i namnserverns konfiguration). Anger man inget namn alls så används det från föregående rad. Man kan även ha flera $ORIGIN i en zonfil. Dessa två A-poster gör att URL:er som http://www.df.lth.se/ och http://ftp.df.lth.se/ hittar till rätt datorer (vad som gör att det blir rätt svar beskrivs i andra kapitel). Alltså den mappning från namn till IP som gör att vi slipper minnas alla IP-nummer utantill.

### 8.2.2 CNAME

CNAME används för att ge smeknamn på datorer, ofta för att ge datorn själv ett alias men även kalla den för samma sak som tjänsten den serverar. Till exempel: `klump A 194.47.250.18`

`ftp CNAME klump`

Där heter datorn egentligen klump, men går man till namnet ftp hamnar man också på klump. Det mesta som går att göra med CNAME kan man även göra med multipla A-poster, men fördel med CNAME är att det är lättare att till exempel byta IP på en maskin. Då byter man bara en A-post och låter CNAME var kvar. Nackdel med CNAME är att det blir två namnuppslag.

### 8.2.3 AAAA

AAAA är motsvarigheten till A, men för IPv6. Till exempel:
`f.root-servers.net. 604800 IN AAAA 2001:500:2f::f`

Man kan som vanligt utelämna nollor på ett ställe i adressen, se stycke 5.7.

### 8.2.4 PTR

PTR är det omvända till A och AAAA, alltså från IP till namn. Men en IP-adress är mest signifikant från vänster och en domän från höger, till exempel är 130.235.x.y ett IP som tillhör Lunds universitet och bör därmed heta z.lu.se (där x och y är valfria oktetter och z valfritt namn). Lösningen på detta är den påhittade domänen in-addr.arpa. Den kan ses som ett eget träd enbart till för omvända uppslag. Om en dator har IP 130.235.102.10 så kastar man om ordningen på talen för att få motsvarande namn, alltså 10.102.235.130.in-addr.arpa och därmed har man fått den minst signifikanta siffran (datorn på LAN:et) först och LU-nätet närmast in-addr. Läser man från höger, det vanliga hållet i domännamn ser man först 130, sen 235, 102 och 10 och det blir ett träd med förgreningar vilket DNS behöver. Då kan namnservrarna på LU sköta domänen 235.130.in-addr.arpa och i den ha en dator som heter 10.102. Eller kan man dela upp det ett steg till och separat administration av 102.235.130.in-addr.arpa. Dock om nätgränser inte är på jämna oktetter (CIDR-subnät, se 5.3) blir det lite svårare, men det finns ett snyggt hack där man använder CNAME för det (läs i Nemeth eller RFC2317).

Har man blivit tilldelad ansvar för domänen 102.235.130.in-addr.arpa. så består reverse-zonen av rader som:

```
1 PTR gateway
10 PTR www
11 PTR mail
12 PTR ftp
```

Rent tekniskt är egentligen första fältet fortfarande namn, men de är ganska lika siffror. Eftersom de inte avslutas med punkt är de relativa standarddomänen för zonen, vilken i det här fallet ska vara 102.235.130.in-addr.arpa.

Man får/ska bara ha en PTR-post för varje IP. Ibland sköter någon annan PTR-mappning (reverse mapping), till exempel internetleverantören, men har man möjlighet så är den bra att sköta själv. Bland annat är det lägre risk att bli spamsorterad om din mejlserver heter mail.domän.se än att den heter dhcp238.isp.se, och mest mejl tappar man om den inte har något bakåtnamn alls.

### 8.2.5 SOA

De poster jag har tagit upp hittills består främst av namn, typ och värde. SOA är lite krångligare, men jag kan trösta med att det bara behövs en för varje zon och de går bra att kopiera och modifiera från annat ställe. Ordningen mellan poster spelar egentligen ingen roll, men man bör alltid börja med SOA (följt av NS och sen andra). SOA betyder som sagt Start Of Authority och kan se ut så här:

```
@ IN SOA ns.admin.com. hostmaster.admin.com. (
                2011080401      ; serial
                        3H      ; refresh
                        15      ; retry
                        1W      ; expiry
                        8H)     ; negative ttl
```

@ är en förkortning av aktuell zon. IN är som vanligt Internet. SOA är typen. Det som ska följa direkt därefter är namnet på din huvudsakliga namnserver, och en kontaktmejladress där snabel-a är utbytt mot punkt (eftersom @ betyder zon). Båda dessa namn ska avslutas med punkt. Det ska givetvis vara din egen domän i stället för admin.com, och ange helst ett alias som hostmaster eller root i stället för din vanliga mejl i kontaktuppgiften.

Därefter följer fem tal, varav det första kan anses som viktigast. Dessa tal skriver man oftast under varandra och därför har man parenteser innan och efter dem. Först kommer serienumret, det ska alltid öka vid varje ändring i zonfilen för att slavservrar ska kunna jämföra med sina zonfiler. Man kan numrera serial med 1, 2, 3 osv men jag tycker det är bäst att följa konventionen år-månad-dag-nr. Serial måste inte öka med ett, men det får aldrig minska. Och det är lätt att glömma att öka det, gör man det så kan olika namnservrar ge olika svar. De sista två siffrorna ger möjlighet till 99 ändringar varje dag, det brukar räcka.

De andra siffrorna är i ordningsföljd. Refresh: hur ofta slavar ska fråga master. Retry: hur ofta slavar ska prova igen om inte mastern svarar. Expire: Hur länge som en slav ska tycka att den är giltig om master är nere. Och sist negativ TTL, hur länge svar av typen ”vet/finns ej” ska sparas i minnet. Värdena ovan är ganska rimliga, och normalt sett behöver man inte ändra dessa värden. Vid ändringar skickas oftast notifieringar till slavservrar så refresh och retry är numera mest som reservmekanism. Det sista siffervärdet hade annan betydelse förr (bra att veta om ni läser gammal bok eller info).

## 8.3 Konfiguration av BIND

### 8.3.1 Installation av BIND på RH

På Red Hat installerar man BIND med:

```
sudo yum install bind
```

För en lite säkrare installation kan man välja att köra i chroot, det paketet installeras med:

```
sudo yum install bind-chroot
```

Då skapas en katalog `/var/named/chroot/` som en ny rotkatalog för BIND. Om någon utnyttjar eventuellt säkerhetshål i BIND så ska de inte kunna komma utanför den katalogen. Denna lösning medför lite mer administration, som längre sökvägar och filer med samma namn på olika ställen. Det kan förvirra, så radera de som inte ligger under `/var/named/chroot/` Jag brukar skapa symlänk för `/etc/named.conf` som pekar på:
`/var/named/chroot/etc/named.conf`

En annan nackdel är att enbart root kan läsa många av filerna, så det blir lätt att man kör `su -` istället för `sudo`.

### 8.3.2 Installation av BIND på Debian

På Debian installerar man BIND med

```
sudo apt-get install bind9
```

chroot får man sätta upp själv.

### 8.3.3 named.conf

I `named.conf` ska man lägga till minst fyra rader för varje domän som ska skötas av namnservern. De kan se ut så här:

```
zone "expertmaker.com" IN {
        type master;
        file "master/expertmaker.com";
};
```

Det som står efter zone är domännamnet. Typen är master. Raden med file anger namnet på zonfilen. Jag brukar lägga dem i kataloger som heter `master` och `slave`, men det är godtyckligt, även vad filerna ska heta kan man välja fritt. Men ganska logiskt är samma som domännamnet. Sökvägen till file är den som anges med directory under options i `named.conf`, ofta så här:

```
directory       "/var/named";
```

så det blir alltså `/var/named/chroot/var/named/master` som filen `expertmaker.com` ska ligga i.

På en rekursiv namnserver ska man ha "recursion yes;" under options, och en entry för rotzonen:

```
zone "." IN {
        type hint;
        file "named.ca";
};
```

Däremot för en innehållsserver, som den som har zonfilen expertmaker.com här ovanför, ska man ha:

```
recursion no;
```

Du bör även lista IP-nummer till slavarna och enbart tillåta `allow-transfer` för dem.

För en slavserver blir varje zons konfiguration så här:

```
        zone "expertmaker.com" {
                type slave;
                file "slaves/extern_expertmaker.com";
                masters { 85.235.7.58; };
        };
```

Skillnad är förstås "type slave". Det efter "zone" ska vara samma som på mastern, men filnamn och katalog har valfria namn. Man ska även lista masterns IP-nummer. Och på en slav bör man ha

```
notify no;
```

Allra sist i `named.conf` bör man ha `include "/etc/rndc.key";` och generera en nyckel med `rndc-confgen -a` vid installationen.

### 8.3.4 Zonfiler

Jag har tidigare nämnt de olika posterna i en zonfil. Det är dessa filer som är själva databasen för DNS och BIND. Du ska redigera dem på den server som är master för domänen, och köra `rndc reload` efteråt. Så här:

```
sudo vi /var/named/chroot/var/named/master/expertmaker.com
sudo rndc reload
```

Glöm inte att uppdatera serienumret. Och glöm inte avslutande punkter där de behövs. I figur 8.2 ser du exempel på en zonfil.

```
ao@a:~
Arkiv Redigera Visa Sök Terminal Hjälp
$TTL    600
$ORIGIN expertmaker.com.

@       IN SOA ns.expertmaker.com.      hoststmaster.expertmaker.com. (
                                2013022504              ; serial
                                        3H              ; refresh
                                        15M             ; retry
                                        1W              ; expiry
                                        8H )            ; negative ttl

                NS              ns
;               NS              ns2.ideon.se.
                NS              ns2.expertmaker.com.
;               NS              ns3.expertmaker.com.
                NS              einstein.df.lth.se.

                MX      10      mail
                TXT             "v=spf1 a mx ip4:94.245.32.148 ~all"

;               A               85.235.7.58
;               A               46.137.180.6    ;ao110820 EC2
                A               85.235.7.95
;ns             A               85.235.1.37
ns              A               85.235.7.58     ;expert-pub
ns2             A               94.245.32.151   ;expert
;ns3            A               85.235.7.58
;www            A               85.235.7.58
;www            A               46.137.180.6    ;ao110820
www-ec2         A               46.137.180.6    ;ao110820
www             A               85.235.7.95
mail            A               94.245.32.148

-- INFOGA --                                    33,1          Alla
```

Figur 8.2: *Zonfil*

Lägg märke till att kommentarer inleds med semikolon, och hur jag skriver serienumret. Att ha högerkanten rakt ovanför H:et i raden nedanför gör att man inte missar en siffra när man ändrar det. Denna version är alltså fjärde ändringen som gjordes 2013-02-25. (Filen är längre än 33 rader i verkligheten).

Att ha 600 sekunder (tio minuter) på $TTL är inte alltid lämpligt, bättre värde är t.ex. 3600, men man kan sänka om man planerar att göra flera ändringar.

## 8.4 Lästips

Här är två böcker om DNS:

- Liu, Cricket & Albitz, Paul (2006) *DNS and BIND*. O'Reilly
- Aitchison, Ron (2005) *Pro DNS and BIND*. Apress

Jag rekommenderar även att läsa kapitel 17 i Nemeth et al (2010) *UNIX and Linux System Administration Handbook* (Jag har nämnt den boken förut, men deras beskrivning av DNS är mycket bra.)

# Kapitel 9

# Apache

## 9.1 LAMP

LAMP är ett känt begrepp när man använder servrar med fri mjukvara. Det står för Linux, Apache, Mysql och PHP. P:et kan även betyda Perl eller Python om man föredrar de språken, men PHP är det vanligaste. Denna bok handlar mest om L&A, det kanske kommer en fortsättning om M&P senare. Apache är den populäraste webbservern på Internet. Enligt Netcraft körs Apache på 56% av nätets webbservrar (augusti 2010). Den kanske inte är den allra snabbaste, men är pålitlig och går att konfigurera för de flesta behov.

Apache började utvecklas 1995 som patchar till en äldre server från NCSA. A Patchy Server. Licensen för Apache är inte GPL, utan en egen variant. Men man har tillgång till all källkod och det finns utvecklare över hela världen. Apache finns med i de flesta Linuxdistributioner, och kan därmed lätt installeras med yum eller apt-get. Paketen brukar heta httpd i RH-baserade distar och apache2 i Debian.

## 9.2 Prefork MPM

Jag ger här en informell beskrivning av Apache utifrån teckningen på föregående sida. Indianhövdingen är chefen, den httpd som ägs av root. Den öppnar port 80, skriver loggar och är förälder till de andra som ägs av apache eller www-data och som svarar på de olika GET-terna. Småindianerna gör det tunga jobbet efter att hövdingen har avlat dem.

Så här kan det se ut i processlistan:

```
[ao@einstein ~]$ ps faux|grep '[h]ttpd'|
cut -c 1-14,50-
root      2496  Sep25  0:00 /usr/sbin/httpd
apache   19265  Oct23  0:00  \_ /usr/sbin/httpd
apache   19266  Oct23  0:00  \_ /usr/sbin/httpd
apache   19267  Oct23  0:00  \_ /usr/sbin/httpd
apache   19268  Oct23  0:00  \_ /usr/sbin/httpd
apache   19269  Oct23  0:00  \_ /usr/sbin/httpd
apache   19270  Oct23  0:00  \_ /usr/sbin/httpd
apache   19271  Oct23  0:00  \_ /usr/sbin/httpd
```

```
apache   19272   Oct23   0:00  \_ /usr/sbin/httpd
apache   22332   Oct23   0:00  \_ /usr/sbin/httpd
[ao@einstein ~]$
```

Att enbart den första körs som root och de andra av lägre privilegierad användare är en del av säkerheten för en webbserver. Vilket många ”förstör” genom att låta filerna ägas av apache (eller www-data som den heter på Debian).

Att ha ett antal vilande httpd beredda att svara på anrop gör att Apache kan svara snabbt. Den vanligaste MPM:en (Multi-Processing Module) heter prefork, hövdingen föder och dödar sina barn dynamiskt alltefter belastning, antalet lediga ungar brukar ligga mellan 5 och 8.

Prefork är standard MPM i Unix. Ett annat alternativ är worker som använder trådar istället för separata processer. Men eftersom prefork startar nya processer innan de behövs, och RAM är billigt, behöver man sällan byta. Standardinställningarna för antalet idle, min eller max behöver man inte heller ändra för en normalt belastad server.

## 9.3 Installation

Det finns olika sätt att installera Apache. Enklast kan vara att använda distributionens paket. Alltså `yum install httpd` på Red Hat och `apt-get install apache2` på Debian. Men man kan även ladda hem och kompilera själv, med:

```
tar xvf httpd-version.tar.gz; cd htt<TAB>
./configure && make && sudo make install
```

Använder du den metoden, och inte anger annat till `configure`, så hamnar alla filer under `/usr/local/apache2/`.

Om du däremot använder RPM-filerna till Red Hat eller CentOS så finns konfigurationsfilerna under `/etc/httpd/`, webbroten `/var/www/html/`, binärerna finns i `/usr/sbin/`, startskript i `/etc/init.d/` och loggfilerna under `/var/log/httpd/`.

På Debian och Ubuntu finns konfigurationen i `/etc/apache2/`, webbroten blir `/var/www/` och loggfilerna `/var/log/apache2/`.

En fördel med att använda färdiga paket är att uppgradering blir automatisk. Fördel med att kompilera själv är att du får mer kontroll över vad som är med, men du bör hålla koll på när nya versioner kommer och kompilera om ifall säkerhetshål har upptäckts. Numera är de flesta moduler dynamiskt laddade, och servrar har mycket minne, så att ha en minimal storlek på Apache-processerna är inte lika viktigt som det var förr. Det kan dock vara intressant att prova att kompilera sin egen Apache om du aldrig har gjort det förut. Du kan ju testa det på nån mindre viktig maskin, mest för skojs skull.

Hemsidan för webbservern Apache är *http://httpd.apache.org*. Där kan du hitta såväl källkod som aktuell dokumentation.

## 9.4 Start/stopp av Apache

Det finns olika sätt att starta och stoppa Apache. För att starta automatiskt vid boot av Red Hat kan du skriva `chkconfig httpd on`. På Debian startar Apache automatiskt om det är installerat. Har du kompilerat själv så finns skriptet `apachectl`, till det kan du ange `start`, `stop`, `restart` och `graceful`. Med `graceful` startar du om snällt, alltså låter föräldern vänta tills alla barnen är klara med sina uppgifter. Till Red Hat och CentOS finns `/etc/init.d/httpd` som tar samma argument. I Debian och Ubuntu heter motsvarande skript `/etc/init.d/apache2`. Det går även att använda kommandot `service httpd restart`, både i Red Hat och Debian.

## 9.5 Moduler

Apache är uppbyggd av många moduler. Ett fåtal av dem behövs alltid och måste vara inkompilerade i programmet. Alla övriga är frivilliga och kan både vara inkompilerade eller laddas dynamiskt från konfigurationsfilerna. Att ha dem som dynamiska moduler är ofta att föredra, och det är det vanligaste om du installerar från distributionens paket.

## 9.6 Vad Apache gör

Apache omvandlar en URL till information, oftast på något vis från filer.

Mer detaljerat så skickar klienten, webbläsaren, en HTTP-förfrågan. Ofta med kommandot GET och en sökväg. Plus lite övriga detaljer, som vilka språk användaren föredrar och vilken version av HTTP (0.9, 1.0, 1.1) som klienten förstår.

URL betyder Uniform Resource Locator. Kort och gott webbadress. Till exempel:
*http://einstein.df.lth.se/GLAN/frihet.html*

Den kan delas upp i protokoll, ://, datornamn, /, katalog och fil. När Apache på datorn einstein får HTTP-anropet:
GET /GLAN/frihet.html

(och Host: einstein.df.lth.se på en annan rad utifall den har flera namn) så översätter Apache sökvägen ”på Internet” till en sökväg i filsystemet. I detta fall filen:
`/var/www/html/GLAN/frihet.html`

Apache skickar denna fil tillbaka till klienten. Denna fil är ren text, men med HTML-taggar för att beskriva strukturen. Ifall dokumentet innehåller bilder <IMG src=”bild.jpg”> medför var och en av dessa en ny HTTP-förfrågan med GET från webbläsaren. Webbservern skickar filerna en och en tillbaka. Och Firefox, Epiphany, Chrome eller vad nu surfaren kör, gör om alla filerna till en webbsida.

Det var den enkla varianten, med statiska sidor och enstaka bilder. Vissa sidor skapas istället varje gång besökaren tittar på dem, för det kan servern köra PHP (eller andra språk). Då kan filen på servern innehålla programkod som i sig är oförändrad, men ger olika resultat beroende på andra faktorer. Då måste Apache kunna köra koden, för det används modulen mod_php. Andra sätt att generera dynamiskt innehåll är CGI och SSI, men de är inte lika populära numera.

En annan sak som Apache kan sköta är autentisering (authentication) och auktorisation (authorization). Den förstnämnda är att visa vem man är, den andra att tillåta eller neka åtkomst. Se mer om detta i kapitel 15.3 om säkerhet.

För att krångla till sakerna mera kan Apache följa symboliska länkar, skriva om URL:er till andra URL:er, köra vissa saker som olika användare, skapa egna sidor med status, visa enbart en sidas ändringsdata eller HTML-huvud eller neka åtkomst. Och inte minst skicka status 404: File not found.

## 9.7 Andra alternativ

Apache är lite av webbservrarnas Volvo. Vanlig, pålitlig och relativt flexibel. Men varken det snabbaste eller bränslesnålaste alternativet på marknaden.

Jag nämner kort några andra webbservrar, alla är fria och används ganska ofta.

- Lighttpd är släppt med BSD-licens. Den är liten, säker och snabb. Ofta används den som komplement till Apache, eller ensam. Både YouTube och TPB kör på Lighttpd.
- Nginx uttalas Engine-X. Den är rysk och ganska populär. Har BSD-liknande licens. Den används ofta som omvänd proxy, även för SSL. Ca 11% av alla sajter kör Nginx.
- thttpd är också en liten och snabb server. En fördel är att det är lätt att begränsa bandbredd, för t.ex. bilder, med den.

# Kapitel 10

# Konfiguration av Apache

På Red Hat heter den viktigaste konfigurationsfilen för Apache `/etc/httpd/conf/httpd.conf`. På Debian och liknande system är det `/etc/apache2/apache2.conf`, men de har lite annorlunda system för att välja moduler och sätta upp virtual hosts. Jag börjar med att beskriva konfiguration för Red Hat och liknande system.

## 10.1 Apachekonfiguration på Red Hat

I princip kan man göra all konfiguration i `httpd.conf`, men vissa saker finns i egna filer i katalogen `/etc/httpd/conf.d/`. Allt som slutar på .conf och ligger där inkluderas från `httpd.conf`. Speciellt bör man lägga märke till att `ssl.conf` ligger där. Jag har nån gång raderat den och lagt till https-saker i `httpd.conf`. Det funkar bra – tills det kommer en uppdatering av Apache. Bättre än att radera `ssl.conf` är att kommentera bort rader i den, eller skapa en tom fil med samma namn. Då råkar du inte ut för att Apache vägrar starta på grund av dubbla ”Listen 443”. Eller så kan du göra som Red Hat vill och lägga allt om https i `ssl.conf` istället för `httpd.conf`.

Det går även att låta `httpd.conf` var helt orörd och ändra allt i `../conf.d/*` Men det kräver att du vet vad direktiven heter, och exakt vad som ska ändras. För en nybörjare är det nog lättare att se och ändra exempel än att skriva själv från en tom fil.

En annan fil som finns i `/etc/httpd/conf.d/` är `php.conf`, men den är enbart för att ladda rätt modul och lägga till hanterare för ändelsen .php och index.php. Den riktiga konfigurationsfilen för PHP heter `/etc/php.ini`. Vad som kan behöva ändras där är ämne för en annan bok. Filen `/etc/httpd/conf.d/php.conf` behöver man sällan ändra i.

Fördelen med att ha en katalog som `/etc/httpd/conf.d/` är att andra paket kan lägga till sin konfiguration där utan att man behöver redigera `httpd.conf`, varken automatiskt eller manuellt. Exempel på andra filer som kan finnas där är `manual.conf`, `nagios.conf`, `python.conf`, `squid.conf`, `webalizer.conf`, `mrtg.conf`, `perl.conf` och `welcome.conf`. Men det beror förstås på vilka paket du har installerat.

## 10.2 Apachekonfiguration på Debian

Debian är lite annorlunda. Ubuntu gör förstås likadant som Debian. Utöver apache2.conf finns `/etc/apache2/ports.conf` där du anger vilka portar Apache ska lyssna på, ofta 80 och 443. I samma katalog finns även katalogen `conf.d` med filerna `charset`, `localized-error-pages` och `security`. Dessa behöver man sällan ändra i, men du bör känna till att de inkluderas. Och på samma vis som i Red Hat kan andra paket lägga till flera filer i `conf.d`. I `/etc/apache2/` finns även katalogerna `mods-available` och `mods-enabled` för moduler. `sites-available` och `sites-enabled` för virtuella värdar (virtual hosts). Det är enbart katalogerna som heter -enabled som Apache använder, så du kan redigera filerna i -available och sen skapa symlänk i -enabled. Detta system gör det lätt att lägga till och ta bort såväl moduler som virtuella värdar. För att skapa länkarna kan du ägen använda kommandona `a2enmod` och `a2ensite`. För att radera länkarna använder du kommandona `a2dismod` och `a2dissite`.

## 10.3 httpd.conf

Jag kallar detta delkapitel för `httpd.conf`, som den heter på Red Hat, men motsvarande gäller för `apache2.conf` och de andra filerna på Debian. Här beskriver jag översiktligt hur direktiv och containrar fungerar. Alltså hur du får Apache att göra som du vill.

### 10.3.1 Direktiv och containrar

Direktiv är ord som betyder något för Apache. Till exempel Listen, MaxSpareServers eller LogLevel. De finns alltid i något sammanhang (omgivning, kontext), antingen för hela servern, en virtuell värd, en katalog eller för vissa filer. Orden som anger sammanhanget kallar jag för containrar, de beskriver vilken sektion som direktiven gäller i.

Containrar anges med <ord plats/sätt>direktiv</ord>. De som finns visar jag i tabell 10.1.

Tabell 10.1: Containrar

| Namn | Förklaring |
|---|---|
| <Directory> | Katalog i filsystemet |
| <DirectoryMatch> | Katalog, med regexp, i filsystemet |
| <Files> | Fil(er) i filsystemet |
| <FilesMatch> | Filer, med regexp, i filsystemet |
| <Location> | URL på servern |
| <LocationMatch> | URL-regexp på servern |
| <Limit> | Åtkomstmetod |
| <LimitExcept> | Negerad åtkomstmetod |
| <VirtualHost> | Virtuell värd |

Nu behövs nog ett exempel. Antag att du har katalogen `/var/www/html/internt`, och vill att den enbart ska vara åtkomlig från nätet 192.168.32.0/24. Detta kan du göra genom följande rader:

```
<Directory /var/www/html/internt>
Order deny, allow
Deny from all
Allow from 192.168.32.
</Directory>
```

Men eftersom dokumentroten är `/var/www/html` så skulle du kunnat göra samma sak med <Location /internt>. Eller med <Files /var/www/html/internt/*.html> om du enbart vill att HTML-filer, men inte t.ex. bilder, ska vara spärrade för andra. De containrar som heter något med Match använder reguljära uttryck, de andra (Directory, Files och Location) använder jokertecken liknande skalets.

<Limit> och <LimitExcept> anger inte platser utan HTTP-metoder, som GET, HEAD och POST.

<VirtualHost> beskriver jag mer längre fram.
I manualen på
*http://httpd.apache.org/docs/2.4/mod/quickreference.html*
anges med bokstäver var varje direktiv är tillåtet. s=hela servern, utanför containrar. v=i VirtualHosts, d=inuti Directory, Files, Location och deras respektive *Match. h betyder att de är tillåtna i .htaccess-filer.

Filer som heter `.htaccess` (namnet går att ändra) kan ligga i kataloger och gäller där och i underkataloger. Det är ett sätt att låta användare styra vilka direktiv som ska gälla dem. Administratören bestämmer vilken sorts direktiv som får finnas med AllowOverride. Vissa saker kan medföra säkerhetsproblem, och att servern behöver leta efter `.htaccess` överallt ger minskad prestanda. Så när du inte behöver denna funktion rekommenderar jag AllowOverride None.

### 10.3.2 Alias, Redirect och Rewrite

Jag har redan nämnt några direktiv (t.ex. Listen, Order, Deny, Allow och AllowOverride). För mer komplett lista se webben. Sajten *httpd.apache.org* återkommer man ofta till, det är svårt att hålla allt i huvudet, och vissa saker förändras (2.4.3 och 2.2.23 är de senaste versionerna av Apache httpd när jag skriver detta).

Några direktiv bör man dock känna till. Detaljerna kan man få slå upp vid behov, men det är lättare att hitta när man vet vad man ska leta efter.

I modulen mod_alias finns bl.a. direktiven Alias och Redirect. Alias är för att ge en resurs flera namn. Det sköts helt på serversidan, man kan jämföra med en länk i filsystemet, men det är för sökvägen i en URL. Syntaxen är:
Alias /nyttnamn /riktigtnamn

Den kan ofta vara bra att använda.

Direktivet Redirect är däremot för klientsidan. Servern skickar status 3xx och ber klienten att begära en annan resurs. 302 betyder tillfälligt flyttad (standardvärdet) och 301 betyder permanent flyttad. Skillnaden är bland annat vad som ska cachas och bokmärkas. Med Redirect kan du tillfälligt stänga av vissa sidor, och hänvisa besökaren till en annan katalog, fil eller server. Allt som går att göra med Redirect går även göra med mod_rewrite (tvärtom är inte fallet), men Rewrite har krångligare syntax, så går det att lösa med Redirect är det att föredra.

Jag får nämna lite mera om mod_rewrite. Det finns flera direktiv, du börjar med RewriteEngine On, sen kan du ha kombinationer av RewriteCond och RewriteRule. Det finns bra HowTo på:

*http://httpd.apache.org/docs/2.2/mod/mod_rewrite.html*
och
*http://httpd.apache.org/docs/2.2/rewrite/*

Du bör känna till, eller lära dig, reguljära uttryck för att förstå de mer avancerade detaljerna.

### 10.3.3 UserDir

Om du vill att användare ska kunna lägga till egna filer, åtkomliga på /~user använder du direktivet "UserDir public_html" så blir katalogen `/home/ao/public_html/` åtkomlig på *http://server.namn.se/~ao/*. Detta var kanske mer vanligt förr, men används i vissa fall fortfarande. UserDir är avstängt eller bortkommenterat som standard i de flesta distributioner, men är lätt att slå på. Dock behöver du även köra `setsebool httpd_enable_homedirs on` om du använder SELinux.

## 10.4 VirtualHost

Det är vanligt att man vill att samma server ska visa olika sidor beroende på vilket namn den anropas som. Det är ett bra sätt att effektivisera användningen. Det numera vanligaste sättet är namnbaserade <VirtualHost>s, men i vissa fall (t.ex. för https) bör man ha separata IP-nummer.

Det kan se ut så här:

```
#ao051031
NameVirtualHost *:80
<VirtualHost *:80>
    ServerName pics.exempel.com
    ServerAlias www.pics.exempel.com
    ServerAdmin root@exempel.com
    DocumentRoot /var/www/pics.exempel.com
    ErrorLog logs/pics.exempel.com-error_log
    CustomLog logs/pics.exempel.com-access_log
       combined
</VirtualHost>
```

Om servern har flera IP-nummer och du enbart vill använda ett av dem skriver du det istället för *, alltså <VirtualHost 192.168.44.20:80>.

Du får enbart ha en rad med ServerName, men du kan ha många ServerAlias.

DocumentRoot för en server kan ligga såväl innanför som utanför DocumentRoot för en annan. Men du bör tänka på vad som ska gå att komma åt via namn respektive med sökväg.

Den första VirtualHost som definieras blir standardalternativet, till exempel om du skriver in IP-nummer i URL:en eller något namn som inte finns i `httpd.conf`. Så lägg den vanligaste först, ofta den som heter www.företagsnamn.se

Du måste förstås definiera alla namn i DNS, det går bra med såväl A-records som CNAME.

Det är bra att ange separata ErrorLog och CustomLog för varje server. Gör du inte det så ärvs de filnamnen från den allmänna serverkonfigurationen. Många andra saker ärvs, till exempel hade jag nog inte behövt ange ServerAdmin. Ändringar som du gör inom VirtualHost-containern är däremot lokala just för den, till exempel Alias, Allow, Deny och så vidare.

Om du har en server med https (port 443) så måste den ha unikt IP-nummer. Vid vanlig HTTP används raden i huvudet som börjar med Host för att avgöra vilken vhost som ska väljas, men vid https är även det krypterat och kan inte avkodas innan valet av VirtualHost. Det finns sätt att kringgå detta, men det stöds inte av alla webbläsare än. Så enklast är att tilldela flera IP-nummer med eth0:0, eth0:1 osv och ange <VirtualHost 192.168.44.21:443> för varje. Detta går dock att kombinera med namnbaserade vhostar för port 80.

På Red Hat brukar jag lägga VirtualHost sist i `httpd.conf`. På Debian är det bättre att använda `sites-available` och symlänk i `../sites-enabled`.

# Kapitel 11

# Programmering och skalskript

EN GÅNG ÄR INGEN GÅNG -- TVÅ GÅNGER ÄR ETT SKRIPT.

## 11.1 Programmering

Som systemadministratör måste man inte vara expert på programmering, men det är bra att kunna grunderna. Både för att kunna automatisera vissa saker och inte minst för att förstå sina användare om de är programmerare.

### 11.1.1 Maskinkod

Maskinkod är det enda som en dators CPU förstår. Denna kod är ettor och nollor, binära tal, som man sällan skriver direkt i. Men det är bra att känna till att alla andra program till slut, på olika vis, blir maskinkod.

### 11.1.2 Assembler

Assembler är i stort sett en-till-en-mappning från korta instruktioner till maskinkod. Alltså fortfarande på mycket maskinnära nivå, men lite mer läsbart än maskinkod. En CPU har interna register, en sorts snabba minnesplatser. I assembler anger man vad som ska sparas och räknas med direkt i dessa register. Rader från ett assemblerprogram för x86 (PC) kan se ut så här:

```
tal1 dw 4
tal2 dw 5 ;två variabler, tal1=4 och tal2=8
mov Ax, tal1 ;lägg tal1 i register Ax
add Ax, tal2 ;addera Ax och tal2, spara svaret i Ax
```

Assembler används numera ganska sällan. Det används i vissa delar av Linuxkärnan där det är viktigt med snabbhet och för inbyggda system där man måste optimera för liten minnesanvändning. Olika CPU-familjer har helt olika assemblerspråk, t.ex. x86, MIPS, Motorola 68k.

### 11.1.3 C

Språket C används mycket fortfarande. Nästan alla program du använder dagligen i GNU/Linux är skrivna i C. Historiskt har UNIX och C samma ursprung och upphovsman (Dennis Ritchie). De första UNIX-versionerna var skrivna i PDP-assembler, men för 4:th edition (1973) skrevs det mesta i det då nya språket C. C är ett kompilerat språk, det innebär att ett program kallat kompilator (numera ofta GCC) översätter från programspråk till maskinkod en gång och sen använder man enbart den kompilerade versionen vid körning av programmet. Jag förklarar med ett exempel (det vanliga Hello World men med en variabel tillagd):

```
#include <stdio.h>
int main()
{
  int siffra = 1;
  printf("hello, world number: %d", siffra);
}
```

Om du sparar den texten i en fil som heter `hello.c` kan du kompilera den med t.ex. `gcc -o hello hello.c` och när du sen kör ./hello skrivs texten `hello, world number: 1` ut i terminalen.

Detta lilla exempel kräver en lite längre förklaring. En variabel är ett namn på ett värde, i det här fallet ett heltal (int=integer) som heter siffra och har värdet 1. Rader med # i början är direktiv till preprocessorn, de kan bland annat vara #include, #define och #ifdef. Den #include vi har här lägger till stdio.h från glibc där funktionen printf() finns. Funktioner används mycket i C, båda de som finns i olika programbibliotek och programmerarens egna. Argumenten till funktioner anges inom parenteser, i det här fallet en sträng där %d anger var decimaltalet i variabeln siffra ska stoppas in. En funktion som alltid ska finnas i ett komplett program är main( ), som anger att det är där man ska starta exekveringen.

Linuxkärnan är skriven i C, förutom någon procent assembler. Så är även de flesta kommandon du har i `/bin/` och `/usr/bin/`. Även demoner som Apache, BIND och Sendmail är C-program.

Det är inte så svårt att lära sig grunderna i C, men det är lätt att göra misstag, främst vad gäller indata från användare eller nätverk. Indata lagras i en buffert, och om den inte skrivs rätt kan elaka personer, eller program, exekvera kod via så kallad buffertöverskridning (engelska: buffer overflow). Även pekare kan ställa till problem.

Med C programmerar man på ganska låg nivå, alltså nära maskinen. Med `gcc -S filnamn.c` kan man få sin kod visad som assembler. För programmet ovan blir det 31 rader assemblerkod. Det är inte så användbart, men kan vara kul att prova för att förstå mera.

Vill du lära dig C är boken *The C Programming Language* av Brian Kernighan och Dennis Ritchie fortfarande bland de bästa. Den kallas av de insatta kort och gott för K&R. Första upplagan kom 1978, och den andra (som är den du bör läsa) kom 1988.

### 11.1.4 C++

C++ skapades av Bjarne Stroustrup i början av 1980-talet, och bygger vidare på C men har lagt till objektorientering och andra standardbibliotek. I C++ kan Hello World se ut så här:

```
#include <iostream>
int main() {
   std::cout << "Hello World!" << std::endl;
   return 0;
}
```

Kända program som är skrivna i C++ är stora delar av KDE och Mozilla (Firefox och Thunderbird).

Mer om C++ kan man läsa i Stroustrups egna bok *The C++ Programming Language* (Hello World ovan är lånad från den boken).

### 11.1.5 Perl

Perl är kanske det språk som systemadministratörer har mest nytta av att kunna. Det skapades av Larry Wall 1987 och är mycket flexibelt, språkets motto är TIMTOWTDI: ”There is more than one way to do it’. Perlprogram kan dock bli ganska kryptiska, med många speciella egenheter.

Perl har tre datatyper för variabler. Den vanligaste är skalär och anges med ett $ först i variabelnamnet. En skalär kan heta $value och motsvarar både heltal, flyttal, tecken och sträng i andra språk, och den kan omvandlas mellan dessa beroende på sammanhang. Nästa datatyp är array och anges med ett @-tecken i namnet, t.ex. @lista. Den är som en vektor eller lista av värden. Den tredje datatypen är hash och anges med ett %-tecken. En hashtabell är en mappning mellan nycklar och värden.

Perl har mycket bra stöd för reguljära uttryck, och det finns moduler för många saker i ett bibliotek som heter CPAN. Med Perl kompilerar man normalt sett inte sina program, utan koden sparas som vanlig text och tolkas vid varje körning.

Ett Perl-skript kan se ut så här:

```
#!/usr/bin/perl
@lines = `cd ~/jobblog ;ls -1 *redovisa*`;
foreach $rad (@lines) {
  $datum = substr($rad,14,6);
  print "$datum: ";
  $_ = substr($rad,21,3);
  s/\..*//;
  $summa += $_;
  print ("X"x$_," $_\n");
}
print "Summa: ", $summa, " timmar\n";
```

Det är ett litet skript som skriver ut en tabell över mina jobbade timmar med indata i form av filnamn som `log.redovisat.110701.51.549` och ger utdata med staplar och summa. Det är inget mästerverk och kan säkert förbättras. Om du kan lite C så ser du att det finns stora likheter, Perl har lånat idéer från många håll. Larry Wall är lingvist, så det har vissa likheter även med naturliga språk.

För mer info om Perl rekommenderar jag att börja med att läsa *Learning Perl* av Randal L. Schwartz, brian d foy och Tom Phoenix (O'Reilly) (Jag vet inte varför brian vill ha sitt namn med små bokstäver). När man har läst "Learning" kan man fortsätta med *Intermediate Perl* från samma förlag, följt av *Programming Perl* och *Perl Cookbook* (även dessa två är från O'Reilly men är tjockare och används mer som uppslagsböcker).

### 11.1.6 Python

Python är ett annat populärt skriptspråk. En egenhet med det är att indentering är syntax. Gör du inte indrag rätt så fungerar inte programmet alls. I andra språk är det ju ofta {} som markerar block och indrag är mest för läsarens skull.

Python har stort stöd för objektorientering, nästan allt är objekt. Python skapades i slutet av 1980-talet av Guido von Rossum.

Boktips om Python är *Learning Python* av Mark Lutz (4th ed, O'Reilly) och *Dive into Python* av Mark Pilgrim (Apress).

### 11.1.7 PHP

PHP används mest på webben för skript på serversidan. Men det går att skriva andra skript i PHP. Bland annat har PHP bra stöd för databaser. PHP uppfanns av Rasmus Lerdorf 1995.

### 11.1.8 Java

Java används ofta på grundläggande kurser i programmering. Det liknar C++. När man kompilerar ett javaprogram blir det en bytekod som körs i en virtuell maskin. Detta gör att man kan använda så kallade applets på webben, oavsett operativsystem. Java uppfanns av James Gosling på Sun Microsystems 1995.

En lättläst svensk bok om Java är *Java – steg för steg* av Jan Skansholm från 2012 (Studentlitteratur).

### 11.1.9 LISP

LISP skapades redan 1958 av John McCarthy på MIT. Det används mycket inom AI (Artificiell intelligens) och för editorn Emacs. En egenhet med LISP är att det blir många parenteser i koden.

En underhållande och lättläst ny bok om LISP är *Land of Lisp* av Conrad Barski (No Starch Press).

## 11.2 Skriva skript

Nästan allt som man kan göra vid prompten kan man spara i ett skript, och tvärtom kan man göra samma sak som i korta skript med en enradare vid prompten. Ett skalskript är bara en fil där man skriver ner en följd av kommandon. Givetvis kan man använda kontrollstrukturer som upprepning (iteration) och val (selektion). Skript som bara du ska använda sparas gärna i `~/bin/`. Skript som bara root ska använda kan sparas i `/root/bin` (eller `/usr/local/sbin`) och skript för alla kan du lägga i `/usr/local/bin`. Glöm inte att göra filen exekverbar med `chmod 755`, `chmod u+x` eller liknande. Man kan, som sagt, skriva skript i riktiga programmeringsspråk som Perl, Python eller PHP. Men jag tar här främst upp skalskript.

Ett skalskript kan se ut så här:

```
#!/bin/bash
echo -n "Hej "
whoami
```

Det gör inte så mycket nytta, men kan illustrera grunderna. Första raden inleds med tecknen #!, de kallas ofta shebang och följs direkt av en absolut sökväg till programmet som ska tolka resten av skriptet. För bash kan man utelämna denna rad om alla som använder skriptet har bash som standardskal, men det är bäst att ta med ifall någon kör annat skal (zsh kommer nog funka, men förmodligen inte csh för mer avancerade skript). Skriver du skripten i Perl ska du inleda med #!/usr/bin/perl.

Nästa rad använder kommandot `echo` för att skriva till STDOUT. Växeln `-n` gör att det inte blir någon ny rad. Tredje raden anropar kommandot `whoami` som helt enkelt skriver ut vem du är inloggad som.

Vissa tycker att man ska undvika Bash-specifik syntax i skalskript, och istället göra dem kompatibla med original Bourneshell. Då använder man #!/bin/sh på första raden och vet vad som funkar på alla system. Men ofta skriver man skripten för användning endast på en maskin, eller några, och Bash finns till de flesta system. Så jag har /bin/bash i alla exempel i denna bok. På vissa GNU/Linuxsystem är /bin/sh en länk till /bin/bash. På Debian och Ubuntu (från version 6.10) är dash standardskal. Dessutom uppför sig bash lite annorlunda om det anropas som sh.

Här kommer ett annat exempel på ett enkelt skript. Det kollar vilka som besökt dina webbsidor:

```
#!/bin/bash
tail -10000 /var/log/httpd/access_log| grep '/~ao'
```

Det är avsett att köra på en maskin med många besökare (hits), så den kollar bara de tiotusen sista raderna, och grep:ar efter mitt användarnamn (byt ut ao mot ditt eget login). Detta är typiskt en sak som går lätt att göra vid prompten, men istället för att upprepa sparar man i ett skript. Så jag skriver bara `aoweblog` för att se de senaste besökarna.

Det går givetvis att starta grafiska saker om man kör X på sin maskin, här är ett skript för att öppna nio terminaler på specifika platser:

```
#!/bin/bash
xterm -geometry 84x27+0+0 &
xterm -geometry 84x27+533+0 &
xterm -geometry 84x27-0+0 &
xterm -geometry 84x27+0+403 &
xterm -geometry 84x27+533+403 &
xterm -geometry 84x27-0+403 &
xterm -geometry 84x27+0-30 &
xterm -geometry 84x27+533-30 &
xterm -geometry 84x27-0-30 &
```

Jag brukar kalla det `9xterm` och lägga till som startare i GNOME-panelen. Lägg märke till att man måste ha & på varje rad så programmen körs i bakgrunden. (Se 12.2 för förklaring).

## 11.3 Kontrollstrukturer

### 11.3.1 for

Även Bash är ett programmeringsspråk där man kan upprepa och välja. För att upprepa kan man till exempel använda `for` och `while` och för att välja finns bland annat `if` och `switch`. Dessa kommandon är inbyggda i kommandotolken, och kan användas både i skript och enradare.

Kommandot `for` i Bash fungerar inte som i Java, Perl eller C, där det är tre argument: `for(i=1;i<10;i++)`, utan det är mer som foreach i Perl. Man anger en lista av namn och for-loopen går igenom dem en efter en. Det kan vara enklare att förklara med exempel:

```
for dator in zeuz hera poseidon athena
do
   ping -c 1 $dator
done
```

Variabeln dator är här alltså den som varierar för varje upprepning. Första varvet är det zeus som pingas och i nästa är det hera. Vill man göra samma sak på en rad blir det:

```
for dator in a b c d e; do ping -c 1 $dator; done
```

Det måste alltså vara ny rad eller semikolon efter listan som ska itereras och efter varje kommando inne i loopen. Nyckelorden do och done används för att ange var loopen börjar och slutar, inga måsvingar eller andra specialtecken. Indraget i första exemplet är bara för läsarens skull, Bash bryr sig inte om sådant.

Listan som kommer efter nyckelordet `in` kan skapas ”i farten”, till exempel med * eller kommandosubstitution. Till exempel:

```
for fil in * ; do mv $fil $fil.bak; done
```

eller:

```
for fil in $(find . -name *.jpg); do
   mv $fil ~/bilder
done
```

I exemplet med * kommer Bash att expandera asterisken till namnet på filer och kataloger där du står. Detta görs tidigt i tolkningen av raden, så `for` kommer se en vanlig lista separerad av mellanslag. Samma sak sker alltid, till exempel vid `cat *` så "ser" cat aldrig *, skalet byter ut det mot filnamnen (om inte katalogen är tom). Testa med `echo *`.

I nästa exempel söker man rekursivt efter jpg-bilder och flyttar dem till en specifik katalog. Syntaxen med $() går även att göra med backticks (bakåtvända citattecken) men det blir snyggare med dollar och parentes. Det som händer är att kommandot mellan parenteser körs först, och *for* får utdatan som en vanlig lista.

Dessa skript kan få problem om man har mellanslag i filnamn, så här kommer en favorit som jag kallar *tabortspace*:

```
for f in *; do mv "$f" `echo $f |tr ' ' '_'`; done
```

Den kräver kanske inte mer förklaring än att tr byter ut enstaka tecken. Resten är sådant vi nyss lärt oss (men med backticks).

Man kan även använda `for` utan `in`. Då tar den argumenten på kommandoraden som lista. Till exempel:

```
for fil
do
cp $fil /home/backup/
done
```

Om du sparar det som `/usr/local/bin/backup` kan du till exempel köra:

```
cd /etc
backup passwd group
```

och få säkerhetskopia av de filer du anger.

### 11.3.2 while

För att förstå `while` (och senare `if`) behöver man förstå slutstatus (exit status). Alla kommandon som körs klart lämnar en siffra till sin föräldraprocess, det vill säga till skalet om de körs från prompten. Noll betyder OK och 1–255 något fel. Man kan se slutstatus med skalets variabel $?. Testa till exempel `grep root /etc/passwd; echo $?` och `grep Root /etc/passwd; echo $?` Den första bör ge värdet 0 och den andra värdet 1. Att grep hittar en rad räknas som rätt och att inte hitta är fel.

I många programmeringsspråk använder man `for` när man vet antalet varv innan början och `while` när det är okänt och avgörs efterhand. På liknande vis är det i Bash. Syntaxen för while är:

```
while kommando1; do kommando2; done
```

Den kör alltså `kommando2` så länge som `kommando1` returnerar noll. Man kan givetvis utföra mer än ett kommando, och om man har flera som testas är det slutstatus från det sista som räknas. Jag brukar ibland kombinera `while` med en `sleep` för att upptäcka saker som bara ändras ibland. Ett trivialt exempel som man kan roa sig med på datorer med flera användare:

```
while who|grep -q kalle
do echo "kalle är inloggad"; sleep 60; done;
echo "kalle loggade ut"
```

Det är kanske inte så användbart, men det förklarar `while`. Växeln `-q` till `grep` betyder quiet, det är ju bara slutstatus vi (och `while`) bryr oss om. While kör vidare så länge raden kalle finns i utdata från `who`, och den väntar en minut mellan varje gång den kollar. När loopen är slut (raden kalle finns inte) körs nästa kommando efter done.

Ett vanligt sätt att använda while är med `true`, ett kommando som alltid ger sant (noll) som slutstatus:

```
while true; do något; done
```

Då får man själv avbryta med **ctrl-c**, eftersom `true` är ett kommando som alltid returnerar 0. Även denna kan kombineras med sleep. Till exempel kan man göra så här för att var tionde sekund dumpa processlistan till en fil:

```
while true; do (date;ps aux)>>processer; sleep 10;
done
```

I det skriptet blev det även ett exempel på hur man kan starta kommandon i ett subskal med (), för att slippa dirigera om utdata två gånger. Kommandona `date` och `ps aux` körs i ett eget skal, och båda dirigeras om med dubbla pilar, alltså append, till en fil.

### 11.3.3 if

Även `if` använder sig av ett programs slutstatus, men här för att välja antingen en sak eller en annan sak, selektion. Grundsyntaxen är:

```
if kommando1; then kommando2; fi
```

(jag krånglar till den mera snart). Alltså som vanligt bara ny rad eller semikolon för att avsluta respektive kommando (eller lista av kommandon). Nyckelorden för att separera är `then` och för att avsluta `fi`. Det är förstås if baklänges, äkta nördhumor.

En enkel if-sats är:

```
if grep -q '^ao:' /etc/passwd; then echo "ao finns";
fi
```

Tecknet cirkumflex (`^`) gör att man bara matchar början av en rad, och kolon är det man separerar fält med i filen passwd, så den matchar inte andra login som börjar på samma bokstäver.

Med bara `if then fi` kommer man fortsätta efter `fi` oavsett vad som väljs. Ofta vill man ha två eller flera val, antingen-eller. Till det använder man `else`. Exempel:

```
if grep -q .pdf /var/log/httpd/access_log
then
   echo "Någon har kollat en pdf"
else
   echo "Ingen har hittar pdf:en än"
fi
```

Även här är indenteringen frivillig, men den gör det mer lättläst. Även om man har `else` måste man avsluta med `fi`.

Ett vanligt kommando att använda direkt efter `if` är `test`. Det är så vanligt att det har fått en egen förkortning, nämligen `[`. Det betyder exakt samma sak som `test`, och är ett kommando, inte bara ett syntaxtecken. Med `test` eller `[` kan man testa många saker: om variabler har samma värde, om filer existerar och är av viss sort och mycket mera. Se help test för mer info. Som vanligt är det slutstatus 0 för sant och 1 för falskt från test. När man använder hakparentes avslutar man med en hakparentes åt andra hållet. Man måste ha mellanslag efter den första och före den sista. Till exempel (med helt olika saker för varje if-sats):

```
if [ -f /etc/group ]; then echo "group finns"; fi

if [ $SHELL = /bin/bash ]; then
   echo "Du kör bash";
fi

if [ $(who|wc -l) -lt 10 ]; then
   echo "färre än 10 användare inne";
fi
```

I längre skript har man ofta flera if-satser, och kombinerar med `while` och `for`. Vill man välja mellan fler än två alternativ kan man även använd `elif` inne i en if-sats, men det blir ofta snyggare med `case`, den avslutas förstås med `esac`. Dessa är dock inte alltid utbytbara, med `elif` kan man ha helt olika villkor, med `case` testar man bara olika värden på ett enda uttryck.

# Kapitel 12

# Blandade tips

Detta kapitel består av diverse tips som inte passar in i andra kapitel. Det innehåller både mjuka och hårda ämnen.

## 12.1 Utbildning

Många administratörer är till största delen självlärda, men det skadar inte att kombinera egna studier med mer formella kurser. Högskolepoäng är ofta ett bättre, och billigare, kvitto på kunskaper än många certifieringar.

Skaffa en bred och djup utbildning. Att ha en civilingenjörsexamen är inte i sig varken nödvändigt eller tillräckligt för att bli en bra systemadministratör. Men det är såklart ingen nackdel. Var dock inte rädd för att läsa andra kurser och ämnen, humaniora är mer relevant än vad många kan tro. Att vara admin innebär, bland annat, att hantera oerhörda mängder information, så kunskaper i språk (svenska, engelska, lingvistik eller liknande kurser) är alltid bra. Filosofi och idéhistoria tränar upp analytiskt tänkande och förmågan att se annorlunda perspektiv. Psykologi och annan beteendevetenskap är också bra, det är ju människor som använder datorerna.

Det är lite svårt att tipsa om specifika kurser i en bok, utbudet förändras. Men prova att skriva ord som ”linux” på *http://studera.nu/*. Nu (våren 2013) finns det bland annat bra kurser på Mittuniversitetet och Umeå Universitet. Sök även efter "TCP", eller "Nätverk" så kan du hitta något kul och användbart. Och som sagt: glöm inte humaniora och samhällsvetenskap.

## 12.2 Jobbkontroll

Ofta vill man ha tillbaka en prompt utan att behöva vänta på att programmet har kört klart. Det kan man göra genom att ange ett & efter kommandot, så körs det i bakgrunden medan du gör annat. Till exempel `gzip storafilen.txt &`. Ifall du glömmer & kan du trycka **ctrl-z** och skriva skalkommandot `bg` (som i background). Vill du istället köra det i förgrunden skriver du `fg`. Med kommandot `jobs` ser du vilka bakgrundsjobb du kör i det aktuella skalet. Vill du lägga ett specifikt jobb i förgrund eller bakgrund anger du vilket med `%n` där n är samma siffra som `jobs` anger inom [] först på raden. Att ange jobbnummer med % funkar även med `kill`.

%% betyder det senast startade jobbet.

Ett alternativ till %siffra är att ange % följt av inledande bokstav/bokstäver i kommandot. Det kan vara lättare.

Om man kör X och vill starta grafiska program från terminal gör man det lämpligast i bakgrunden, till exempel `firefox &`.

## 12.3 Screen

Ifall du kör program i terminal länge och vill kunna återansluta om förbindelsen går ner eller från en annan dator kan jag rekommendera `screen`. Om du bara skriver screen får du upp ett nytt skal, men i en subprocess till screen. Där kan du köra det program du vill ha och sen koppla bort (detach) med **ctrl-a, d**. För att återansluta skriver du `screen -r`. Är du inloggad från en annan maskin och inte har kopplat bort screen från den första datorn använder du `screen -rd`. Jag brukar köra IRC-klient (`irssi`) i screen på en maskin med stabil lina, så slipper man hoppa ut ur kanalen varje gång hemmabredbandet går ner. Programmet körs vidare hela tiden, du ser utdata som vanligt när du återansluter.

Det går att använda screen till massor andra saker, som att ha flera fönster i samma terminal, klipp-o-klistra med mera. Se `man screen` för mer information.

## 12.4 TAB

Att man kan komplettera namn på kommandon och filer med **TAB**-tangenten känner du nog redan till, men det används så ofta att det måste nämnas. I Bash är standardinställningen att en **TAB** kompletterar om det finns unik matchning, och en **TAB** till visar vilka alternativ som finns. Zsh är lite annorlunda, men det går att få den att uppföra sig som i Bash om man vill det. Jag använder även **TAB** efter kommandon som `mkdir`. Det skulle krävas avancerad AI för att den skulle kunna gissa rätt, men med en **TAB** ser man huruvida namnet redan finns.

## 12.5 ESC_

Jag har läst ganska många NIX-böcker, men bara en har tipsat om Escape-Underscore. Men efter jag lärt mig det använder jag det ofta. Trycker man **ESC** följt av understreck fyller skalet i sista ”ordet” från föregående rad. Det är ofta som man behandlar samma ”sak” direkt efter varandra. Exempel:

```
vi artikeln_med_det_långa_namnet.tex
pdflatex <ESC>_
```

eller

```
mkdir /tmp/lagringsplats
cd <ESC>_
```

## 12.6 ctrl-r

Med **ctrl-r** söker man bakåt i sin kommandohistorik. Jag skriver ofta `stamplaut logwatch, forum` på en dator jag är inloggad på. Snabbare än att bläddra med pil upp är att trycka **<ctrl-r><wa>** vilket oftast ger rätt rad direkt. Vad på raden som ger bäst träff kan får man välja själv, blir det fel rad som matchas trycker man **ctrl-r** igen.

## 12.7 Tre tider och touch

UNIX och Linux sparar tre tider för varje fil eller katalog. De är mtime, ctime och atime. Dessa sparas i en datastruktur som heter inod, där även rättigheterna finns. Men inte filnamnet, det sparas enbart i katalogen tillsammans med en pekare till filens inod.

- mtime (modification time) är filens modifieringstid, alltså senaste tidpunkten för ändring av innehållet i filen. Till exempel om du lägger till en rad med en editor.
- ctime (change time) är inodens ändringstid, metadata som ägare och rättigheter. Till exempel om du kör `chmod` ändras ctime men inte mtime.
- atime (access time) är när filen senast användes (öppnades). För att snabba upp läsning kan man montera filsystem med alternativet noatime. Då saknas det värdet helt, och inget behöver skrivas till filsystemet vid varje läsning. Det passar bra för till exempel /var/www/.

Märk väl att *NIX normalt sett *inte* sparar vilken tid som en fil skapades. Har du redigerat en textfil efter den skapats går det inte att se annat än tiden för senaste ändringen. I Ext4 har man lagt till date-created, men det är inte bara filsystemet som behöver ändras utan även systemanrop och många bibliotek som glibc. Så tillsvidare är det de tre ovan som kan användas.

Med kommandot `touch` kan du uppdatera mtime och atime för en fil, eller skapa en ny tom fil. Med `touch -m` uppdateras enbart mtime och med `touch -a` enbart atime.

Alla tiderna sparas i ”epoch-formatet”, alltså antalet sekunder sen 1970-01-01. Det är ett 32-bitars tal, så år 2038 blir det problem. Vill du se alla tre tiderna för en fil kan du köra `stat filnamn`. Kommandot `ls -l` visar mtime, och det är oftast den som är mest relevant att veta. Med `ls -lc` kan du se ctime och med `ls -lu` atime.

I nyare kärnor är upplösningen en nanosekund (för de filsystem som stöder det), på riktigt gamla är det en sekund.

## 12.8 grep av processer

Om du kör `ps aux|grep imap` så kommer ibland, men inte alltid, även processen grep visas. Vissa använder `|grep -v grep` för att undvika detta, men en snyggare lösning är att använda ett enkelt reguljärt uttryck. Skriv `ps aux|grep '[i]map'` så kommer grep-processen, som körs samtidigt, inte matcha sig själv. Speciellt viktigt är detta vid `grep -c`. Jag använder detta knep i stycke 9.2. Alla skal behöver inte citattecknen, men de skadar aldrig. Knepet funkar med alla utom riktigt gamla grep. Jag lärde mig det här i Aeleen Frischs bok *Essential System Administration*.

Du kan förstås även använda `pgrep` och `pkill`.

## 12.9 Klipp och klistra

Om du kör X11 kan du klistra in det senast markerade med mittenknappen/hjulet på musen. Eller genom att trycka både höger och vänster musknapp samtidigt.

Är det i `vi` du jobbar så trycker du **p** för att få senaste raderna från **dd** eller **yy**. Du kan även ha 26 olika namngivna buffertar.

Om du kör GNOME eller KDE fungerar det även med **ctrl-c**, **ctrl-x** och **ctrl-v**.

Det är ganska praktiskt att kunna ha olika strängar tillgängliga på olika sätt, men det kan vara lite förvirrande ibland.

Om du har skrivit en lång och bra rad vid prompten, och vill spara i en fil, så kan du göra så här. Skriv, sist på raden. `">fil`, tryck **ctrl-a** och skriv `echo "`. Byt ut till enkla citattecken om din rad innehåller dubbla citattecken eller dollarexpansion. Detta tips funkar även i konsolen.

Ett annat tips är att använda kommentartecknet vid prompten. T.ex. om du har skrivit `mount /dev/sdc1 /mnt/c1` och kommer på att katalogen `c1` inte finns. Då kan du trycka **ctrl-a**, skriva #, trycka enter och därefter skapa katalogen. Sen behövs bara pil upp och ta bort #. Det är praktiskt att kunna spara rader i historiken utan att behöva köra dem.

## 12.10 tail och head

Kommandot `tail` har jag redan visat på några ställen i boken. Utan andra argument än ett filnamn visar det filens sista tio rader. Så här `tail /etc/passwd`. Vill du se ett annat antal rader anger du en siffra:

```
tail -2 /var/log/httpd/access_log
```

Vill du se början av en fil heter kommandot `head`. Även det kan ta minus antal som argument.

För `tail` är `-f` ett användbart argument för filer som växer. Då ser du allt nytt rad för rad. Till exempel:

```
tail -f /var/log/httpd/access_log
```

Det funkar även med flera filer:

```
tail -f /var/log/httpd/*
```

Då får du först de tio första raderna av alla, därefter alla nya rader från varje fil.

## 12.11 watch

Ett annat användbart kommando är `watch`. Det kör ett kommando upprepade gånger och visar senaste körningen i realtid. Till exempel `watch w` kommer köra `w` varannan sekund och låter dig se hur belastningen varierar och vilka som är inloggade. Med flaggan `-d` markeras ändringar, t.ex. så visar:

```
watch -n 30 -d ls -l
```

inverterad bakgrund i en halv minut om tider eller storlek ändras på filer i aktuell katalog. Överst i fönstret ser du intervall, kommando och tid för senaste körning. Du avslutar watch med **ctrl-c**.

## 12.12 Hårdvara

Den här boken handlar mer om mjukvara än hårdvara, men lite vill jag nämna om datorer för serverdrift.

Ofta kan man använda vanliga konsumentdatorer även som servrar. Till exempel för att testa eller för mindre viktiga uppgifter. Fördelar med det är att de är billiga – du kanske redan har dem. Datorer som känns för långsamma för kontorsanvändning kan fungera bra som servrar för intranät eller backup. Men för mer seriös drift bör man ha riktiga serverdatorer. De är mer stabila och avsedda för drift dygnet runt. De har ofta ECC-minne, IPMI (vad det är berättar jag i 16.5) och dyrare processorer med mera cache.

På större företag har man oftast servrarna i rack. De är 19 tum breda och höjdenheten heter U, som i unit, ett U är 1,75 tum (ca 45 mm). Mindre servrar är 1 U, större t.ex. 2 U eller 4 U. Rackservrar är avsedda för kontinuerlig drift, och låter en hel del jämfört med vanliga kontorsdatorer. I en serverhall kan det finnas många rack, varje rack är ofta 42 U eller 44 U högt och kan alltså rymma ca 40 1U-servrar och ett par switchar. Man bör även ha en UPS för att slippa nertid vid strömavbrott. Större hallar har även dieselmotor med generator för att klara många timmar utan ström. Även kylning är viktigt.

När du väljer att köpa en server är det ofta RAM du ska prioritera, mycket arbetsminne betyder ofta mer för prestandan än snabb CPU. Men det beror så klart på vad den ska göra. Om du inte ska lagra mycket data kan SSD var bättre än traditionella hårddiskar. Det går även att blanda, SSD för snabb åtkomst och snurrdisk för långtidslagring. Ska man ha det allra snabbaste kan det bli dyrt, men tänk på att din nya server ändå blir omodern inom ett år (kanske vid nästa reboot), så satsa hellre på mellansegmentet om du inte behöver det allra senaste.

## 12.13 bc

På sidan 34 nämnde jag kommandot `bc`. Den använder jag ofta som miniräknare, och här får du några tips för att göra den trevligare. Jag brukar använda följande alias:

```
alias bc='bc -q ~/.bcoptions'
```

Med det slipper jag den inledande texten, och får möjlighet att ange variabler i filen `~/.bcoptions`. I den anger jag scale=3 för att alltid få tre decimaler, och vissa konstanter som jag ofta använder när jag räknar, som hyra och lön.

# Kapitel 13

# E-post, servrar och listor

## 13.1 MUA, MTA, MSA, MDA

För att e-post ska komma fram krävs flera funktioner. Användare ska kunna skicka och ta emot, posten ska levereras och man vill stoppa spam och virus. Dessa funktioner kan på ett mindre företag skötas av samma server, men kan även separeras på flera maskiner.

Det program som används för att läsa och skriva mejl brukar förkortas MUA (Mail User Agent). Exempel är Thunderbird, Mutt, Alpine, Outlook, /bin/mail och Eudora.

Ryggraden för e-post-leverans är en MTA (Mail Transfer Agent). Det är ett serverprogram som tar emot post via SMTP (Simple Mail Transfer Protocol) på port 25 och skickar vidare till andra MTA:er. Exempel är Sendmail, Postfix, qmail och Exim. Jag kommer främst beskriva Sendmail, som är den äldsta av dessa.

En relativt ny funktion är MSA (Mail Submission Agent), det är också en SMTP-server men enbart för att ta emot brev från en MUA och skicka vidare till en MTA (som kan vara på samma maskin). Fördelen med denna uppdelning är att kunna ha inloggning för användare (SMTP AUTH) och kryptering separat från inkommande post utifrån. En MSA lyssnar ofta på port 587.

Traditionellt hamnar mejl i `/var/spool/mail/$USER`, där $USER är namnet på användaren. Denna fil har formatet Mbox, vilket är en stor textfil med mejl efter mejl. Ett nyare system är Maildir, där varje mejl har en egen fil. Ofta vill användarna ha posten till sin hemkatalog, och sortera den. För detta används en MDA (Mail Delivery Agent), den vanligaste är procmail.

Numera läser användarna oftast inte sin mejl direkt på servern utan använder en MUA på sin egen dator. Den måste på något vis hämta mejl från servern, för detta används protokollen POP3 (Post Office Protocol och IMAP (Internet message access protocol). POP3 kan enbart ha en inbox. IMAP och IMAPS (IMAP över SSL) är smartare och kan läsa enstaka meddelanden, utan att behöva ladda ner eventuella bilagor och man kan även ha flera kataloger/mappar på servern. Exempel på serverprogram för POP3 och IMAP är Dovecot, UW IMAP, Courier och Cyrus. POP3 använder port 110, IMAP port 143, POP3S port 995 och IMAP med SSL port 993. För nya servrar bör man främst använda IMAP med SSL så får man både kryptering och alla fördelar IMAP har jämfört med POP.

Vissa vill ha möjlighet att använda webbmail. Två vanliga system för det är SquirrelMail och Roundcube. Båda dessa är skrivna i PHP och pratar IMAP och SMTP med servern.

## 13.2 Sätta upp Sendmail

Här kommer en steg-för-steg instruktion för att sätta upp Sendmail på en CentOS-maskin. (Jag kallar domänen exl.org istället för exempel.org för att få kortare rader.) Kolla först om domänen har MX-record i DNS

```
[ao@a ~]$ dig +short -t mx exl.org
10 mail.exl.org.
[ao@a ~]$ dig +short mail.exl.org
85.235.7.56
[ao@a ~]$
```

Det ser rätt ut. Man bör även kolla om det finns A-record för domänen. Pekar det på mejlservern så behövs egentligen inte MX.

På en nyinstallerad Red Hat eller CentOS lyssnar Sendmail endast lokalt. Man kan behöva installera paketet sendmail-cf och sen göra följande:

```
[ao@exl ~]$ grep 127 /etc/mail/sendmail.mc
dnl # 127.0.0.1 and not on any other network devices.
DAEMON_OPTIONS(`Port=smtp,Addr=127.0.0.1, Name=MTA')dnl
[ao@exl ~]$ cd /etc/mail
[ao@exl mail]$ sudo vi sendmail.mc
[ao@exl mail]$ grep DAEMON_OPTIONS sendmail.mc
DAEMON_OPTIONS(`Port=smtp, Name=MTA')dnl
[ao@exl mail]$
[ao@exl mail]$ sudo make
[ao@exl mail]$ sudo /etc/init.d/sendmail restart
Stänger ner sm-client:                  [    OK    ]
Stänger ner sendmail:                   [    OK    ]
Startar sendmail:                       [    OK    ]
Startar sm-client:                      [    OK    ]
[ao@exl mail]$ cd
[ao@exl ~]$ sudo /sbin/iptables -L -n|grep 25
ACCEPT     icmp --  0.0.0.0/0  0.0.0.0/0 icmp type 255
[ao@exempel ~]$
```

Ok det var annat, får slå på port 25 i brandväggen också:

```
[ao@exl ~]$ sudo system-config-securitylevel-tui
[ao@exl ~]$
```

(Kryssa där SMTP i andra menyn).

```
[ao@exl ~]$ sudo vi /etc/aliases
[ao@exl ~]$ sudo newaliases
/etc/aliases: 6 aliases, longest 20 bytes,
```

Sätt # framför alla utom postmaster, abuse och root i aliases. Mail till root ska alltid gå till någon eller några som läser varje dag. De flesta andra alias bör kommenteras bort för att minska på spam. Men postmaster måste alltid finnas. För mejl till root skriver du till exempel så här i aliasfilen:

```
root: ao, ao@exempel.com
```

Om du vill att de ska komma både till den lokala användaren ao och till en extern mejladress, glöm inte att köra `newaliases`.

Ifall maskinen inte heter samma som domänen måste man lägga till de rätta namnen i `/etc/mail/local-host-names`

Sen testa utifrån:

```
[ao@specialist ~]$ telnet exl.org 25
Trying 85.235.7.56...
Connected to exl.org (85.235.7.56).
Escape character is '^]'.
220 exl.org ESMTP Sendmail 8.13.8/8.13.8;
Fri, 7 Oct 2011 13:33:45 +0200
quit
221 2.0.0 exl.org closing connection
Connection closed by foreign host.
```

Det ser rätt ut. Nästa steg är att prova att skicka mejl från och till maskinen. För det kan du använda kommandot `mail`, till exempel `mail root@exl.org` från en annan maskin och `mail din.vanliga@adress` från exl.org.

Om du vill läsa mejl mer regelbundet i terminal rekommenderar jag dock att installera `mutt` eller `alpine`. Programmet `/bin/mail` är inte så trevligt att använda ofta, mer än för automatiska saker.

## 13.3 Mailman

När du har satt upp en mailserver så vill du nog även ha ett program som hanterar mejlinglistor. I början går det bra att enbart använda alias, men det är en fördel att ha något mer avancerat. Förr var Majordomo den bästa, men numera använder många Mailman. Det programmet kommer från GNU-projektet och har ett webbgränssnitt med många alternativ. Jag berättar först hur man installerar och sen några vanliga saker att ändra.

### 13.3.1 Installation av Mailman

I de flesta distributioner finns Mailman som paket, och installeras enkelt med `yum install mailman` eller `apt-get install mailman`. Resten av den här beskrivningen gäller Red Hat och CentOS. På Debian gör man på liknande vis men vissa sökvägar och namn är annorlunda.

Nästa steg är att skapa en lista som heter mailman. Den används bland annat som avsändare för lösenordspåminnelser. Enklaste sättet att skapa den är att köra `sudo /usr/lib/mailman/bin/newlist mailman`. Du får två frågor, först mejladressen till den person som ansvarar för listan och sen ett lösenord. Jag brukar aldrig ha samma lösenord till Mailman-listor som jag har till andra saker, eftersom man får vissa av lösenorden i Mailman i mejl varje månad. Därefter får du cirka 11 rader med text som du ska markera och klistra in i `/etc/aliases`(för Sendmail eller Postfix, filen kan heta annat med andra MTA:er). Jag brukar skriva en kommentar med ”#below Mailman only” och lägga dessa rader sist i aliases, så det blir lättare att hitta vanliga alias. Därefter kör du `newaliases`. Det finns två lösenord till som är bra att sätta. Ett ”site password” för den som ska kunna göra allt, och ett valfritt ”list creator”-lösenord. Det förstnämnda sätter du med
`sudo /usr/lib/mailman/bin/mmsitepass lösenord`
och det andra med
`sudo /usr/lib/mailman/bin/mmsitepass -c ord`.
Dessa två bör vara ganska svårgissade, men inga som du använder till annat. När du har gjort detta kan du starta mailman med `sudo /etc/init.d/mailman start` och se till att den alltid startas med
`sudo /sbin/chkconfig mailman on`.

Resten av konfigurationen gör man enklast via webbsidorna. Installationen av Mailman har lagt till en fil som heter `/etc/httpd/conf.d/mailman.conf`. Du vill nog tar bort # på raden med RedirectMatch och sen starta om httpd. Därefter kan du gå till *http://serverns.namn/mailman* och titta runt bland alla alternativ som finns där. Det första du bör göra är att klicka ”Mailman administrative interface” och skriva in det lösenord du valde ovan. Några saker som jag brukar ändra för listan Mailman är följande:

- General Options, send_reminders: No
- Privacy Options, advertised: No
- Archiving Options, archive_private: private

Glöm inte att klicka Submit på varje sida.

För de flesta ”vanliga” listor vill du nog också ändra advertised och archive_private, så att inte alla kan se listans namn och dess arkiv på webben. Undantag är förstås helt öppna listor. Hur du gör med send_reminders är mer en smaksak. Det finns flera saker som jag brukar ändra efter att jag har skapat en lista, men först lite om hur man skapar den och lägger till medlemmar. För listan som heter Mailman brukar man inte behöva ändra mer än de tre sakerna jag nämnt.

### 13.3.2 Skapa listor

Nya listor kan du antingen skapa från kommandoraden via `sudo /usr/lib/mailman/bin/newlist namn` eller i webbgränssnittet på *http://serverns.namn/mailman/create*. Använder du webbsidan får du ange namn på listan, ägare (t.ex. din mejladress) och ett lösenord för listan. Därefter kryssar du i vilka språk som ska stödjas, t.ex. English och Swedish. Sist bekräftar du med serverns lösenord (antingen ”site password” eller ”list creator password”). Om allt har gått bra så kommer du till en sida som säger att listan är skapad och listans ägare får ett mejl med instruktioner för hur man konfigurerar via webben. Men även mailman-owner (den adress som du angav vid newlist mailman) får ett mejl med rader att lägga till i `/etc/aliases`. Glöm inte att göra det, utan dem och `newaliases` så funkar inte den nya listan.

### 13.3.3 Konfigurera lista

I bild 13.1 ser du en av sidorna för konfiguration av en lista.

Under General Options bör du ändra description till en kort beskrivning av listan. Hur du gör med reply_goes_to_list är viktigt. Många säger att Poster är det enda rätta, men för några listor föredrar jag att svar ska gå till listan (This list). Du bör även lägga till text i welcome_msg och i goodbye_msg. Standardvärdet för max_message_size är 40

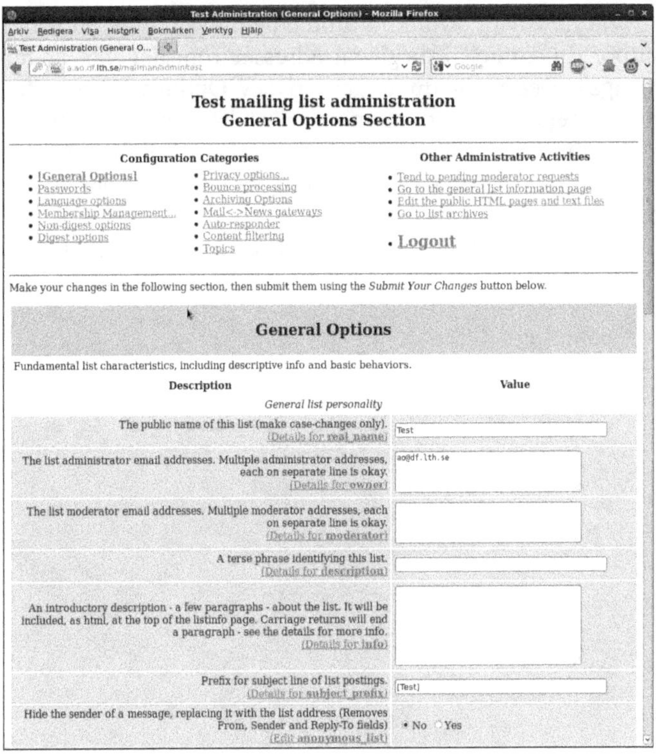

Figur 13.1: *Mailman General Options*

kB. Jag föreslår att du höjer det till kanske 2000. E-post är inte rätt sätt att sprida stora filer, men 2 MB är inte så stort längre.

Kolla runt i alla menyerna. Gör samma ändringar som med Mailman-listan för Privacy Options, advertised och Archiving Options, archive_private.

### 13.3.4 Lägga till medlemmar

Under Membership Management, Mass Subscription så kan du lägga till flera medlemmar på en gång. Bara skriv in deras mejladresser. Tänk på att använda den adress som de har som avsändare när de skickar om de har flera adresser som de tar emot på. Du bör kryssa i Yes eller No på huruvida de ska få välkomstbrev och om listägaren ska meddelas.

Vill du tillåta att andra än medlemmar postar till listan så bör du explicit lista dessa adresser (om det inte är för många). Detta gör du under Privacy Options, Sender filters, accept_these_nonmembers. Det kan vara bra att behålla standardvärdet Hold på generic_nonmember_action. Med det så får listägaren manuellt släppa fram eller avvisa postningar från okända adresser.

Dessa är de vanligaste ändringarna som jag brukar göra i Mailman.

# Kapitel 14

# Samarbete, dokumentation och netikett

## 14.1 Samarbete

Ofta är man mer än en systemansvarig, och vissa användare har administratörsrättigheter på vissa system. Att berätta vad man har gjort, gör och tänker göra är i dessa fall viktigt. E-post är ofta ett praktiskt sätt att kommunicera viktiga, och mindre viktiga, förändringar. Man bör även kommentera direkt i textfilerna, och/eller använda versionshanteringssystem som git eller subversion.

Vad man bör kommunicera till de andra som har root eller sudo, och vad man inte behöver berätta, lär man sig efter hand. Men huvudregeln bör vara att det är bättre med för mycket information än för lite. Har man flera ansvariga för samma server bör alla vara med på aliaset root, och man bör ha flera mejlinglistor. Det är även viktigt med alternativa sätt att kommunicera, såsom mobilnummer, hemnummer, alternativ mejladress. Även en egen IRC-kanal, vara ”vänner” på sociala medier och lägga till varandra på Skype. Man måste ju kunna kontakta varandra även om företagets mejlserver eller nätverk är nere.

Kommunikation till chefer, andra anställda och kunder är viktigt. Utöver e-post bör man träffas på ett mer formellt möte nån gång per månad och informera om drift, säkerhet och eventuella förändringar. Dessa möten bör protokollföras och följas upp. Alla anställda måste inte alltid vara med, men det är viktigt att alla vet hur man kontaktar "driftgruppen" (eller vad man väljer att kalla oss).

Att ha en driftgrupp är bra, även om den kanske bara består av två–tre personer – varav kanske några med normalt sett andra uppgifter än att sköta datordriften. Har man en grupp så kan man lära av varandra, och det är alltid någon som är förberedd att hoppa in vid semester eller annan ledighet. På större verksamheter bör man ha en mer formell grupp, med en chef som samordnar arbetet.

## 14.2 Dokumentation

Att dokumentera vad man gör är viktigt, både för din egen och andras skull. Du kanske byter jobb eller har semester och någon annan måste kunna förstå din kod eller konfiguration.

Eftersom nästan all konfiguration av program och tjänster sker via textfiler så är det lätt att kommentera direkt vid varje ändring. Ofta använder jag konventionen #ao120906, alltså tecknet för kommentar följt av login och datum i "personnummerformat", men man kan följa ISO8601-standarden (2012-09-06) om man hellre vill det. Exakt hur man gör är mindre viktigt, bara man kommenterar så kollegor och andra förstår. För ändringar där det är uppenbart vad som har lagts till räcker det med login och datum, men ibland bör man kort beskriva vad man gjorde. Till exempel vilket värde variabeln hade innan. Det kan man antingen skriva efter datumet, eller bara sätta kommentartecken framför den gamla raden.

Tänk på att olika program har olika sätt att ange vad som är kommentar. Det vanligaste är "brädgård" (#), det används i skalskript, Perl, Python och många konfigurationsfiler. Undantag är BIND och Asterisk som använder semikolon (;) och programmeringsspråk kan ha /* text */ (C, Java, C++, PHP) eller // (C++, C99, Java). I LaTeX används % som kommentarstecken.

Vissa saker är så viktiga att de bör dokumenteras "offline", alltså på papper eller på dator i annan byggnad. Det gäller information för hur nätverk är kopplade, lösenord för root och kryptering, telefonnummer till internetleverantören och till dina kollegor. Tänk på att denna information kan vara mycket känslig, så använd kryptering om du lagrar på en annan dator. Och glöm inte det lösenordet . . .

För mer vardagliga förändringar är e-post ett bra sätt att komplettera dokumentationen med. Klistra gärna in den text du ändrat, eller beskriv vad du gjort. Skicka till den som frågade eller klagade, med kopia till driftgruppen. Eller mer kortfattat till användaren och mer detaljer till rötterna på maskinen. Då får du automatiskt en loggbok i mappen för dina skickade mejl. Och den har du väl backup på?

## 14.3 Vad är netikett?

Netikett är etikett på nätet, alltså regler för hur man bör skriva och läsa i e-post och forum. Dessa regler är inte huggna i sten som ett absolut påbud, även jag bryter mot dem ibland. Men de kan vara bra att tänka på, kommunikation är ju en stor del av en systemadministratörs vardag.

Det finns många sidor på nätet som ger tips om hur man bör uppföra sig, hur man ställer frågor på rätt sätt, om man skriver under eller över frågan och liknande. Delvis handlar det om tyckande och personlig stil, men jag skriver vad jag föredrar och försöker motivera varför jag gör det.

### 14.3.1 Postningsstil

Det finns tre vanliga sätt att svara på mejl. Topposta, inline eller nederst. Jag föredrar inline: Där skriver man nedanför respektive fråga, och tar med tillräckligt med citerad text för att svaret ska följa frågan. Text man inte besvarar kan man ta bort, gärna med kommentaren (snip) i det citerade. Behåller man citerad text från flera deltagare ska det framgå vem som har skrivit vad.

Vid toppostning däremot kommer svaret ovanför frågan, och tidigare diskussion kommer i ett stort sjok nedanför. Vissa mejlprogram är konstruerade och inställda för denna stil. Nackdelen är bland annat att fråga och svar kommer i fel ordning, fördel är dock att att det nya i tråden kommer först. Här kommer ett exempel som belyser nackdelarna med att topposta:

```
Svar: Eftersom det stör sättet människor normalt
      läser text på.
Fråga: Varför är toppostning så dåligt?
Svar: Toppostning
Fråga: Vad är det jobbigaste att se i e-post?
```

Men det är värre att blanda olika postningsstilar, så på listor där alla andra toppostar gör ofta jag också det. För en kort kommentar som gäller hela texten och inte ett specifikt stycke kan det även vara okej.

Att lägga hela svaret nedanför ser jag inga fördelar med jämfört med det som kallas inline eller interleaved. För mer detaljer kan du se sidan om *Posting style* på Wikipedia.

### 14.3.2 Håll dig till ämnet

Du ska alltid ha en korrekt rubrik i ditt mejl. Värst är förstås att inte ha någon rubrik (Subject:) alls, men det är oftast ett misstag (och Thunderbird varnar om man glömt). Det händer ofta att diskussioner övergår till annat ämne, då bör man byta rubrik och i första mejlet skriva den gamla med (was: ) efter. Jag ger ett exempel på hur det kan se ut i inboxen:

```
Internet är trasigt     kund@företaget
Re: Internet är trasigt admin@företaget
Re: Internet är trasigt kund@företaget
Lagat i DNS (was: Internet är trasigt) admin@företaget
Re: Lagat i DNS         kund@företaget
```

Ofta håller trådar på länge, och det är ibland långt efter att ämnet övergått till annat som någon byter rubrik.

Ett annat tips om rubrik är att sätta OT för frågor som är "Off Topic", eller om möjligt använda annan lista för det. Mejlinglistor har olika vida eller snäva intresseområden, och de är ofta namngivna mer efter funktion än vilka deltagare den har. Ofta finns ungefär samma personer på listor/alias med namn som drift@, styrelsen@, root@ och inte minst afterwork@. Då ska man givetvis använda rätt lista för rätt ändamål, mottagarna kanske sorterar i olika mappar. Ofta är det även olika delmängder av personer på respektive lista, och nya läggs till efterhand.

För stora projekt finns det ofta en lista som heter något i stil med projekt-announce@ som har många flera läsare än skribenter. Dessa listor brukar det enbart komma viktiga saker till, till exempel nya versioner. Prenumerera gärna på announce-listor för distributioner och program som du använder.

### 14.3.3 Ge relevant info och gör din läxa

Om du vill ha bra hjälp ska du skriva som du själv skulle vilja läsa frågan. Ta med detaljer som kan vara relevanta, och var vänlig. Titta i listans arkiv eller FAQ om sådan finns så du inte ställer samma fråga igen. FAQ betyder Frequently Asked Questions och bör vara ett destillat av åratals diskussion i en nyhetsgrupp eller mejlinglista. Du bör förstås även googla efter svaret innan du frågar. Inte bara slänga ut en fråga och låta andra göra din hemläxa. Men även detta är olika på olika listor, så var inte för rädd för att fråga. Ofta finns det speciella listor för nybörjare där det är högre i tak.

En bra tumregel för diskussioner på nätet (och kanske även IRL) är att vara konservativ/försiktig med vad du sänder och liberal/accepterande med vad du tar emot. Klaga inte om du tycker att andra bryter mot netiketten. Ofta är det bättre att gå vidare till nästa mejl i inboxen. ”Flame wars” i syfte att provocera, ofta med personangrepp, leder sällan till något konstruktivt. Undvik även att delta i diskussioner om vilket $system som är bäst (operativsystem, editor, skrivbordssystem osv). Acceptera att smaken är olika och låt var och en bli salig på sin tro. Tänk gärna att ”Alla system suger, men några suger mindre än andra”, men skriv inte ”min dator är bättre än din”.

Försök att vara tydlig, och tänk på hur andra kan tolka ditt inlägg. Deras tolkning är inte alltid samma som din. Var beredd att förtydliga i senare diskussion, men ge gärna rätt info från början. Att korrekt beskriva problemet är ett bra första steg mot dess lösning.

# Kapitel 15

# Säkerhet

## 15.1 CIA

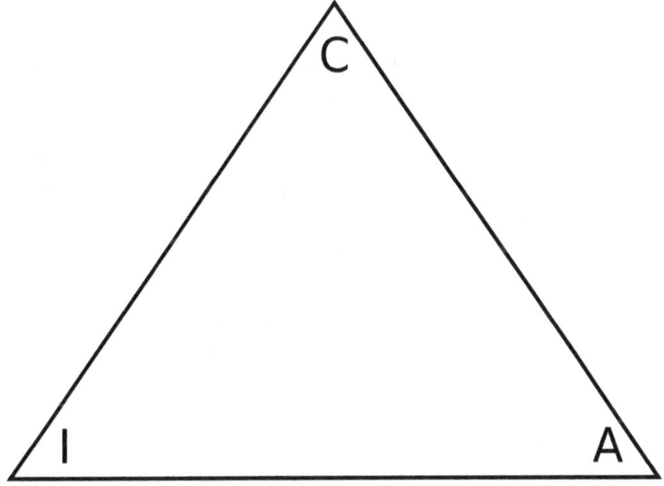


CIA är en bra förkortning att tänka på när det gäller datorsäkerhet. Och då menar jag inte den amerikanska spionorganisationen utan triangeln med Confidentiality, Integrity och Availability. På svenska blir det ungefär hemlighet (eller sekretess), dataintegritet och tillgänglighet (men HDT är inte lika lätt att minnas).

Jag beskriver dessa tre faktorer mer ingående.

- Confidentiality är att ingen obehörig ska kunna läsa informationen. Till exempel kryptering på disk och nät, åtkomstkontroll via lösenord och filrättigheter.
- Integrity betyder att informationen går att lita på. Att ingen har ändrat den. Alltså inte samma som personlig integritet på svenska. Dataintegritet gäller både avsiktlig och oavsiktlig förändring, och kan tillgodoses via kontrollsummor och redundant (t.ex. dubbel) lagring.
- Availability är tillgänglighet, går inte informationen att komma åt när den behövs har den inte stort värde. Att ha informationen på flera ställen ökar tillgängligheten, som backup.

Det går inte att maximera alla tre faktorerna samtidigt. Kompromissen blir alltid en punkt någonstans inuti triangeln. Till exempel ökar en backup A och I, men sänker C (det blir ett ställe till att skydda). Och avancerad kryptering minskar tillgängligheten.

Säkerhet är viktigt, men svårt. Den som vill göra intrång behöver bara hitta ett hål, men den som skyddar måste hitta alla. Det gäller att försvåra så mycket att det inte blir värt mödan att attackera, men att hitta alla attackytor kan vara ett heltidsjobb. Jag försöker ge några tips i detta kapitel, och säkerhetsrelaterad information finns även i andra kapitel i boken (t.ex. kapitel 7 om brandväggar). Lite paranoia är bra, men det får inte gå till överdrift. Jag är inte säker på att min dator är säker, men jag har inte upptäckt intrång på några egna system. Däremot på några andra ställen.

## 15.2 Uppdaterad

Uppdateringar kommer till alla operativsystem. Inget system är felfritt. För produktionsservrar bör du köra ett system som enbart, eller främst, släpper säkerhetsrelaterade uppdateringar. Till exempel Red Hat, CentOS eller Debian. Inte Fedora eller Gentoo. Kör du någon av dem jag rekommenderar eller någon liknande kan du gärna ha automatiska uppdateringar påslagna. Till exempel genom `yum install yum-cron` på Red Hat och CentOS. Vissa rekommenderar att ha en testmaskin där du manuellt lägger in uppdateringar och inte lägger in dem direkt på servrar i skarp drift, eftersom det kan bli problem. Men ett intrång skulle medföra större problem, och tillverkaren testar sina patchar innan de släpps. Vilket man väljer är en smaksak, men hur du än gör bör du inte vänta länge med att uppdatera. Kör du det manuellt är kommandona `sudo yum update` på RH och `sudo apt-get update` följt av `sudo apt-get upgrade` på Debian-baserade system. På Debian bör du ibland även köra `sudo apt-get dist-upgrade` för att få senaste kärnorna. Och du bör följa mejlinglistor för vilka nya paket som kommer, så du är förvarnad.

## 15.3 AAA

En annan förkortning som är bra att ha i minnet är AAA. Den betyder autentisering, auktorisation och accounting. Jag nämnde skillnaden mellan de två första A:na i kapitlet om Apache på sidan 79 men upprepar här. Autentisering är att bevisa vem man är. Både användare, system och datas ursprung kan autentiseras, jag beskriver här hur det kan fungera för en person. När du loggar in på en dator anger du ofta användarnamn och lösenord. Användarnamnet anger vem du är, och lösenordet ska det enbart vara du som vet. Kombinationen av dessa uppgifter bekräftar för systemet att du verkligen är du.

Nästa A, auktorisation, är en annan sak, det är en lista på vad den inloggade användaren för göra. Till exempel får inte en vanlig användare skriva i andra kataloger än sin hemkatalog och ett fåtal ställen till. Men root får göra allt.

Det tredje A:et skriver jag på engelska för att akronymen ska bli rätt. Man kan kalla accounting för loggning eller spårbarhet på svenska, det är alltså att man in efterhand ska veta vem som har gjort vad.

För autentisering brukar man skilja mellan tre sätt:

- Något du <u>vet</u>. T.ex. lösenord, PIN-kod eller personlig uppgift.
- Något du <u>har</u>. T.ex. bankdosa, ID-kort, data i en fil.
- Något du <u>är</u>. T.ex. foto, fingeravtryck, näthinna. Det kallas även för biometrisk autentisering.

Det är vanligt med kombinationer av ”vet” och ”har”. ”Är” används inte lika mycket i automatiska system än, men att inte släppa in okända på jobbet eller ringa upp kollegor vid lösenordsbyte är på sätt och vis en biometrisk autentisering.

## 15.4 Kryptering

Kryptering är att göra något oläsbart för andra. Man skiljer på symmetriska och asymmetriska krypton.

Vid symmetrisk kryptering har båda parter samma nyckel. Den måste hållas hemlig för alla andra.

Vid asymmetrisk kryptering använder man nyckelpar. En publik och en privat nyckel, den ena kan inte räknas ut från den andra. Den privata nyckeln måste hållas hemlig, däremot kan man sprida den publika nyckeln hur mycket man vill. Ett system som använder asymmetriskt krypto är PGP, med GNU-varianten GPG. Den som vill skicka krypterad e-post till dig letar reda på din publika nyckel (eller har den sen tidigare) och krypterar mejlet med den publika nyckeln. Ingen annan än innehavaren av den privata nyckeln (du) kan då dekryptera meddelandet.

Det finns flera olika algoritmer för asymmetriskt krypto. En vanlig är RSA, den bygger på svårigheten att hitta faktorer till stora tal. Vanliga nyckellängder är 1024 och 2048 bits. Ofta används asymmetrisk kryptering för att överföra en symmetrisk sessionsnyckel.

En annan användning av nyckelpar är att signera meddelanden. Då signerar man med sin privata nyckel och alla som har den motsvarande publika nyckeln kan se att det enbart kan vara innehavaren av den privata som har skickat mejlet.

## 15.5 Lästips

För mer detaljer om kryptering, men ändå lättläst, kan jag rekommendera boken: *Cryptography, A Very Short Introduction* av Piper & Murphy, från Oxford University Press.

För datorsäkerhet i allmänhet är en mycket läsvärd bok *Secrets & Lies, Digital security in a networked world* av Bruce Schneier.

Två andra bra böcker är *Hardening Linux* av James Turnbull. Apress (2005) och *Hacking The Next Generation* av Dhanjani, Rios & Hardin. O'Reilly (2009).

# Kapitel 16

# SSH och IPMI

## 16.1 SSH

SSH betyder Secure Shell och är som en lång säker sladd till varje dator som du har konto på. Föregångarna telnet, rlogin och rsh ska man inte använda längre, utom vid speciella anledningar, eftersom de är helt okrypterade. SSH skapades först av ett finskt företag, men den version som numera oftast används är OpenSSH som har sitt ursprung i OpenBSD.

För SSH heter servern `sshd`, klient för inloggning `ssh` och för filöverföring finns `scp` och `sftp`. Exempel på användning:

```
ssh lois-lane.mc.hik.se
```

Där loggar man in som samma användare som du kör på den lokala maskinen. Och använder standardporten 22.

```
ssh -l ao lois-lane.mc.hik.se
```

eller: `ssh ao@lois-lane.mc.hik.se`

Med dessa två sätt kan man ange användarnamn, det går även att skriva `-l root` efter datornamnet.

```
ssh -p 2222 tintin.kau.se
```

Där anger jag en annan port, att byta portnummer i `/etc/ssh/sshd_config` gör att man slipper de flesta automatiska scanningarna och därmed får renare loggar. Men det höjer inte säkerheten egentligen, en motiverad attackerare kan lätt scanna alla portar. Om du kör SELinux på servern måste du ange att SSH ska få köra på annan port, kommando för det är:

```
sudo /usr/sbin/semanage port -a -t ssh_port_t
-p tcp 2222
```

Kommandot `semanage` finns i paketet policycoreutils-python på RHEL och CentOS.

## 16.2 scp

För att säkert överföra filer kan du använda såväl `scp` som `sftp`. Skillnaden är att `scp` är mer avsedd för enstaka filer och `sftp` mer som ett alternativ till FTP. Här är exempel på användning:

```
scp lois-lane.mc.hik.se:/etc/passwd .
```

Syntaxen liknar vanliga `cp`. Man måste alltid ange både källa och mål. I det här fallet kopieras `/etc/passwd` från loislane till filen `passwd` i katalogen där jag står på den lokala maskinen. Glöm inte kolon eller punkt.

```
scp /etc/passwd lois-lane.mc.hik.se:/tmp/passwd.a
```

Där kopierar jag min lokala passwd till en fil i /tmp på loislane.

Om sshd kör på annan port måste även scp veta om det. Till exempel med `scp -P 2222`. Märk väl att det är stort P för scp men litet p för ssh. Än bättre lösning är att ange port i
`$HOME/.ssh/config` gemensamt för alla klienter.

## 16.3 ssh_config

Som jag nämnde i förra stycket så kan du ha en fil som heter `config` liggande i katalogen `.ssh` i din hemkatalog. Formatet är så här:

```
Host=tintin
  HostName=tintin.kau.se
  Port=2222

Host=lois-lane
  HostName=lois-lane.mc.hik.se
  Port=722
```

Med de inställningarna kan man skriva `ssh tintin` utan att behöva ange `-p` eller domännamn. Det fungerar även för `scp` och `sftp`. Man kan både ha likamed-tecken och mellanslag. Indrag är frivilligt, det är varje förekomst av ordet Host som avgränsar posterna. Det går även bra att skriva nyckelorden med små bokstäver. Utöver HostName och Port brukar jag använda User och CheckHostIP=no (för virtuella servrar som delar IP-nummer men har olika portar).

För mer information se manualen med `man ssh_config`, observera att det är ett understreck där, liksom det är för `man sshd_config`.

## 16.4 SSH-nycklar

Om man inte gör något annat använder SSH samma lösenord som vid vanlig inloggning på maskinen, men man kan även använda publika nycklar. De sparas i en fil som heter `~/.ssh/authorized_keys` på servern du vill logga in på.

Se 15.4 om du inte minns hur nyckelpar vid asymmetriskt krypto fungerar. På servern du vill logga in från kör du kommandot `ssh-keygen`. Det skapar ett nyckelpar i `.ssh`. Den privata nyckeln heter `id_rsa`, den ska du vara rädd om och inte sprida. Du får en fråga om en lösenordsfras (passphrase), det bör du använda till nycklar för interaktiv användning. Det kan vara ett lösenord, en mening eller en liten dikt om du är poetiskt lagd. Denna lösenordsfras tillhör den privata nyckeln och skickas aldrig till servern som du loggar in på. Du får upprepa frasen som skydd mot felskrivning. Den publika nyckeln hamnar i en fil som heter `id_rsa.pub`. Den är inte lika viktig att skydda, men du bör inte sprida den för mycket. På servern som du vill logga in på lägger du den publika nyckeln i `authorized_keys`. Till exempel så här:

```
[ao@a ~]$ scp .ssh/id_rsa.pub f:
ao@f's password:
id_rsa.pub        100% 399     0.4KB/s   00:00
[ao@a ~]$ ssh f
ao@f's password:
Last login: Sat Feb 23 13:07:41 2013 from a
[ao@f ~]$ cat id_rsa.pub >> .ssh/authorized_keys
[ao@f ~]$ rm id_rsa.pub
[ao@f ~]$ chmod 600 .ssh/authorized_keys
[ao@f ~]$
```

Det går att göra på andra sätt, som att klipp-o-klistra i en editor eller använda `cat` och `ssh` med pipelines, men det här sättet kan vara enklare att förstå. Allra enklast är att använda `ssh-copy-id`. Anledningen till att jag använde >> är för att inte skriva över eventuella befintliga nycklar i `authorized_keys`. Men är du säker på att den är tom (inte finns) så går det förstås lika bra med `cp`. När nyckeln är på plats ska det gå att logga in utan lösenord. Så här:

```
[ao@a ~]$ ssh f
Last login: Thu Feb 28 01:17:56 2013 from a
[ao@f ~]$
```

Eftersom jag kör GNOME på datorn som heter a så fick jag frågan om lösenordsfras i ett annat fönster. Och det sparas i en nyckelring så nästa gång får man ingen fråga alls. Körs inget grafiskt gränssnitt på datorn du loggar in från får du frågan direkt efter prompten, till exempel om du loggar in från en server till en annan. Det ser ut så här:

```
[ao@a ~]$ ssh f
Enter passphrase for key '/home/ao/.ssh/id_rsa':
Last login: Thu Feb 28 01:32:04 2013 from a
```

```
[ao@f ~]$
```

Ett vanligt fel vid inloggning med publik nyckel är rättigheter på kataloger och filer. `.ssh` ska ha 700, `authorized_keys` ska ha 600 och båda ska förstås ägas av rätt användare. Inte heller får användarens hemkatalog vara skrivbar för andra. Ett annat vanligt misstag är att få med radbrytningar i `authorized_keys`. Om du kör `pico` måste du använda `pico -w` för att den inte ska lägga till nyradstecken.

Det går bra att använda samma nyckelpar till olika servrar, och att ha flera olika publika nycklar i samma `authorized_keys`.

Vill du ha automatisk inloggning, till exempel för cronjobb som backup, så kan du ange en tom lösenordsfras. Då kan alla som har tillgång till den privata nyckeln logga in utan lösenord. Det rekommenderas enbart från säkra till mindre säkra maskiner, t.ex. från en central backup-server bakom brandvägg och med få användarkonton till servrar ut mot Internet, inte åt andra hållet. Då trycker du bara enter två gånger vid `ssh-keygen`. Det är mycket praktiskt, men som sagt lite riskabelt. För att begränsa riskerna lite kan du i `authorized_keys` explicit lista vilka kommandon som får köras med t.ex. command="/sbin/reboot" och från vilka adresser man får logga in med: from="192.168.128.1". Glöm inte citattecknen och skriv command= och from= först i samma rad som nyckeln. Testa ny inloggning innan du loggar ut, det är lätt att göra fel. Syntaxen för filen `authorized_keys` beskrivs i `man sshd_config` (inte i ssh_config).

## 16.5 IPMI

IPMI betyder Intelligent Platform Management Interface. Det finns inbyggt på många serverklassmoderkort och är ett sätt att "telnetta till BIOS", alltså fjärrstyra hårdvara även utan fungerande operativsystem.

Med IPMI kan man starta, stänga ner och logga in på maskiner, helt oberoende om operativsystemets nätverk är uppe. Man tilldelar maskinen ett privat IP-nummer (RFC1918) och kan då logga in från andra maskiner på samma subnät. Det är bra att ha vid krascher och konfigurationsmisstag.

Det finns flera olika verktyg för IPMI, jag beskriver här IPMItool. Det som behövs finns i paketen ipmitool och OpenIPMI på Red Hat. I exemplet vill jag kunna fjärrstyra dator a från dator b.

Börja med att konfigurera IP-adress och konto på dator a, det kan man göra både från BIOS och Linux. Så här kan man göra det i Linux:

```
[root@a ~]# /etc/init.d/ipmi start
[root@a ~]# ipmitool lan set 1 ipsrc static
[root@a ~]# ipmitool lan set 1 ipaddr 192.168.200.10
[root@a ~]# ipmitool lan set 1 netmask 255.255.255.0
[root@a ~]# ipmitool user set name 2 admin
[root@a ~]# ipmitool user set password 2
Password for user 2:
Password for user 2:
[root@a ~]# ipmitool user enable 2
```

Sätt ingen default gateway om du inte måste, det är säkrare att IPMI enbart är åtkomligt från LAN:et. Lösenordet överförs i klartext för vissa varianter av protokollet, och det ska ju bara användas vid nödfall. Så välj något lösenord som du inte använder till andra saker, och spara det på ett säkert ställe, som root:s hemkatalog på servern du ska fjärrstyra från. Normalt sett bör man inte spara lösenord i klartext, men för IPMI kan det vara praktiskt att skriva det direkt i skripten, och köra `chmod 600` på dem.

För att kunna logga in behöver du aktivera ”console redirection” i BIOS på maskinen. Det sätter upp en virtuell serieport. För att komma åt GRUB lägger du till följande i grub.conf eller menu.list:

```
serial --unit=2 --speed=19200 --word=8 --parity=no \
   --stop=1
terminal --timeout=10 serial console
```

Kommentera bort eventuell splash. För den kärna du använder lägger du till `serial console=ttyS2,115200n8` och tar bort `rhgb quiet`. Med det tillägget ska du kunna se hela bootprocessen och få inloggningsprompt.

Då är det dags att prova från dator b. Om dator a har flera nätverksuttag så är det enbart ett som kan användas för IPMI, så se till att det är rätt. På dator b kör du:

```
sudo /sbin/ifconfig eth0:0 192.168.200.11
```

Om allt är rätt ska du kunna köra:

```
ipmitool -I lanplus -H 192.168.200.10 -U admin \
-P hRttju65 sensor
```

Den ska visa värden på temperatur och fläkthastighet. Strängen efter -P är förstås ditt lösenord. Om det fungerar så har du satt upp nät och användare rätt. Nästa steg att kolla är SOL (serial over lan), det gör du med:

```
ipmitool -I lanplus -H 192.168.200.10 -U admin \
-P hRttju65 sol activate
```

Andra användbara kommandon är `power on` och `power reset` för att starta och starta om hela datorn. Lägg gärna in de du tänker använda i skript så du slipper leta på nät och i manualer vid skarpt läge. Lägg in IP-nummer i skripten eller i `/etc/hosts` så du säkert kommer ihåg dem när det behövs. Och som sagt tycker jag att man även kan spara lösenord i dessa skript, men det är en kompromiss med högre tillgänglighet än sekretess.

Datorn som du fjärrstyr från, b i mitt exempel, behöver enbart ha programmet ipmitool installerat, den behöver inte ha moderkort med IPMI-stöd. Men har du två eller flera servrar med IPMI så bör du sätta upp IPMI på alla så de kan fjärrstyras från varandra. Det ska räcka att datorn har ström för att de ska gå att komma åt.

HP har ett annat system som heter iLO (Integrated Lights Out), som har liknande funktioner.

# Kapitel 17

# RAID, backup och rsync

## 17.1 RAID

RAID betyder "redundant array of independent disks", I:et stod från början för inexpensive. Det finns flera nivåer av RAID.

RAID-0 är "striping", ett sätt att slå ihop två eller flera diskar till en större enhet. Vartannat block på varannan disk, se bild 17.1. RAID-0 bör man inte använda för viktig data, går den ena disken sönder så får man många trasiga filer.

RAID-1 är spegling, där all information sparas dubbelt. Se bild 17.2. Det är ett bra sätt att få högre tillgänglighet och dataintegritet. Vilken som helst av båda diskarna kan gå sönder, och du har ändå allting kvar. Att skriva går lite långsammare än med en disk, men läsning kan gå snabbare.

Nivåerna 2–4 används sällan. Nivå 5 och 6 är vanligare. Där fördelas extrainformationen på alla diskarna, så att allt går att återskapa om en (nivå 5) eller två diskar (nivå 6) går sönder. Se bild 17.3 För RAID-5 behövs minst 3 diskar, och för RAID-6 minst 4.

Det finns även kombinationer av flera RAID-nivåer, som 1+0 (även kallad 10) där man har striping av speglade diskar.

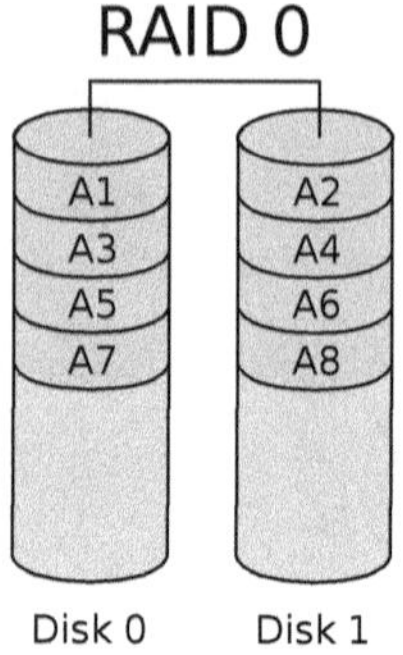


Figur 17.1: *RAID-0*

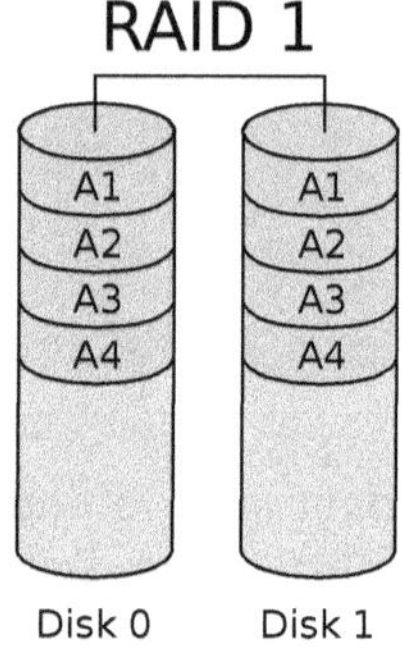


Figur 17.2: *RAID-1*

Så här kan man skapa en RAID-1 i Linux:

```
mdadm --create /dev/md0 --level=1 \
--raid-devices=2 /dev/sd[ab]2
```

RAID är bra – men det är ingen ersättning för backup. Mer än en disk kan gå sönder, hela datorn eller huset kan brinna upp. Användare, program eller inkräktare kan radera filer, av misstag eller medvetet. Därför bör du alltid ha bra backup, helst på flera ställen och för flera dagar bakåt.

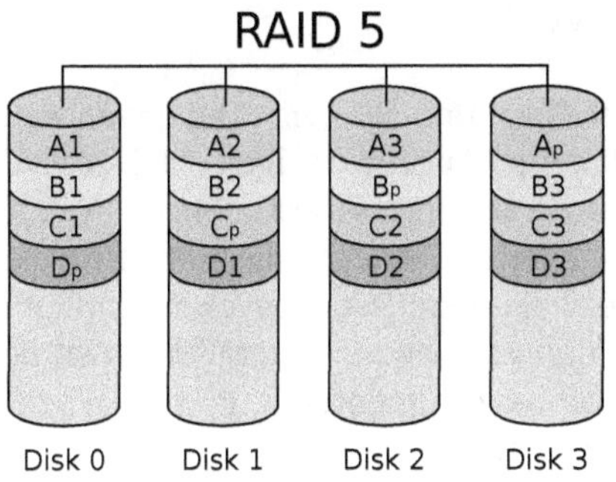


Figur 17.3: *RAID-5*

## 17.2 tar

Ett gammalt, men fortfarande ofta använt, sätt för säkerhetskopiering är `tar`. Det stod ursprungligen för ”tape archiver”, men används numera oftast till filer. De vanligaste argumenten är x=extract, c=create, t=list. Andra vanliga flaggor är v=verbose och f=file. Nyare versioner av `tar` kan även komprimera arkiven, flaggan z för gzip och j för bzip2. Exempel:

```
tar xvf fil.tar
tar xzvf fil.tar.gz
tar cvf etc.tar /etc
cd /
tar cf /tmp/home.tar home
tar cjf /tmp/home.tar.bz2 home
tar czvf /home/backup/var_www.tgz var/www
cd /home/backup
tar tzf var_www.tgz|less
tar cf - /home/ao/*.txt|ssh b tar xf -
```

Det sista exemplet kopierar alla textfiler till dator b över SSH. Ett ensamt minustecken betyder STDIN eller STDOUT.

## 17.3 rsync

Ett mycket bra program är `rsync`. Det använder en algoritm som utvecklades av Andrew Tridgell och beskrivs i hans doktorsavhandling från 1999. Finessen med `rsync` är att enbart förändringar överförs. Ändras några få byte behöver man inte föra över hela filen. Det är mycket lämpligt vid backup.

Manualsidan `man rsync` är detaljerad och lång. Men de vanligast använda argumenten är `rsync -a` och `rsync -av`, där `-a` betyder "archive mode", samma som `-rlptgoD` och `-v` betyder verbose. Exempel:

```
rsync -a * einstein:/home/backup

rsync -av * einstein:/home/backup
```

Rsync använder numera SSH som transportprotokoll automatiskt. För backup kan det vara bra att ha nycklar utan lösenord, se 16.4 om du inte har satt upp det tidigare.

Om du vill ha daglig backup från en dator till en annan så är det lämpligt att ha ett katalogträd för varje dag, och använda hårda länkar för alla oförändrade filer. Det sparar i de flesta fall mycket diskutrymme. Ett program som gör så är rsnapshot *http://www.rsnapshot.org/* Men det går att skriva egna skript med liknande funktion. På nästa sida ser du ett exempel.

```
#!/bin/bash
cd /home/backup
datum=$(date "+%y%m%d")
#skapa katalog ifall du lägger till ny server.

for server in zeus apollo poseidon athena
do
  senast1=$(ls $server/|tail -1)
  senast2=$(ls $server/|tail -2|head -1)
  aldst=$(ls $server/|head -1)
#Kommentera bort rm i det antal dagar du vill spara.
#    rm -rf $server/$aldst
  rsync -avHS --numeric-ids -e ssh \
  --link-dest=$PWD/$server/$senast1 \
  --link-dest=$PWD/$server/$senast2 \
  --exclude-from=ex_$server \
  $server:/ $server/$datum/ >> /dev/null 2>&1
#$server:/ $server/$datum/>>/var/log/b/$server 2>&1
  exit=$?
  if [ $exit -ne 0 ] && [ $exit -ne 24 ] ; then
    mail -s "rsyncfel $server" root
  fi
#  echo $datum >> /var/log/backup/$server
done
```

Första tiden som du kör det bör du ha en # framför `rm -rf`, t.ex. i 30 dagar, beroende på diskutrymme. Sen tar du bort # och det äldsta trädet raderas varje natt. Du bör även slå på loggningen i början, som är bortkommenterad i detta skript, och hålla lite koll på vad som händer varje dag. Däremot när du vet att det fungerar så tar loggfilerna bara onödig plats.

Jag använder `--link-dest` till de två senaste katalogerna. Filen som listar vilka kataloger som ska exkluderas heter för datorn zeus `ex_zeus` och ligger i samma katalog som backupkatalogerna hamnar. Exempel på innehåll i en sådan fil är:

```
/proc
/sys
/dev
/home/*/nobackup
```

De tre första katalogerna bör man inte ta backup på, och den sista raden ger användarna möjlighet att ha en katalog `~/nobackup/` med stora filer som inte behöver kopieras.

Du bör hålla koll på att hårddiskarna på backupservern inte blir fulla och att backup verkligen fungerar. Skriptet ovan mejlar root vid de flesta fel (felkod 24 är att filer försvunnit under tiden som skriptet körs, det gav så många falsklarm att jag inte vill ha de mejlen).

Tänk även på att data på backupservern är lika känslig som på datorerna i sig. Och att root på backup kan bli root på de andra. Så ha denna dator på ett skyddat ställe, både fysiskt och via nätet.

# Kapitel 18

# Nagios och driftövervakning

## 18.1 Driftövervakning

När kunder eller kollegor ringer och klagar på att tjänster eller servrar är nere är det bra att, ärligt, kunna säga "Jag fick varning om det nyss och jobbar på att lösa problemet". Alla problem kan inte förutses, men många saker kan övervakas automatiskt. Till din hjälp finns program som Nagios, Cacti och Zabbix. Men jag börjar med att beskriva några enklare saker.

## 18.2 cronskript

Som du nog vet finns det en daemon som heter crond, med den kan man schemalägga regelbunden körning av program och skript. Det finns tre vanliga sätt att lägga upp cronjobb. Vill du köra dem som en vanlig användare, vilket ofta är bra, så kör du kommandot `crontab -e`. Då startas en editor (ofta vim eller nano) och du kan lägga till rader i den användarens crontab. Syntaxen finns beskriven i `man 5 crontab`. Ordningen för kolumnerna är minut (0–59), timme (0–59), månadsdag (1–31), månad (1–12 eller förkortat namn), veckodag (0–7 där både 0 och 7 betyder söndag, eller de engelska trebokstavsförkortningarna). En * i något fält betyder alla av den sorten. Därefter kommer kommandot som ska köras.

Det kan bli tydligare med några exempel:

```
00 23 * * *  echo "klockan är 23:00"
01 00 1 * *  echo "En minut in på den nya månaden,
                   skicka tidrapport till chefen"
00 15 24 12 * echo "Kalle Anka"
00,30 7-19 * * fri  ps aux|grep quake
# kollar varje halvtimme mellan 7 och 19 på
# fredagar om nån spelar quake.
```

Kommandot som körs kan vara lite av varje, men tänk på att vissa miljövariabler, såsom $PATH, kan vara annorlunda för cronjobb. Så ange helst full sökväg, och lägg aldrig till cronjobb som kör skript som andra kan förändra (kataloger med 777, filer med 666 eller liknande rättigheter).

Ger skriptet du kör ingen utdata till STDOUT eller STDERR händer inget mer än att kommandot körs. Men kommer det utdata så är det så fiffigt anordnat att du får texten i ett mejl. Det bör du utnyttja. Det finns några standardprogram som körs via cron, den första jag beskriver är Logwatch.

### 18.2.1 Logwatch

För att börja använda Logwatch bör du bara se till att mejl till root kommer till någon användare som läser dem. Se sidan 114 om du inte redan har satt upp rätt alias.

Därefter är det bara att installera Logwatch som behöver göras. På RH kör du `yum install logwatch` och på Debian `apt-get install logwatch`. Därefter får du mejl varje natt med föregående dygns viktigaste händelser på datorn. Logwatch kollar diverse filer under `/var/log/` och sammanfattar det viktigaste.

Dessa mejl bör läsas regelbundet, och de är ganska snabblästa när man har vant sig vid vad som brukar stå i dem. Du ser intrångsförsök, vilka paket som har installerats och om datorn har startat om. Att läsa logwatch nästan dagligen är ett bra sätt att hålla koll på maskinerna.

### 18.2.2 kolladf

Här är en annan favorit som jag kallar kolladf:

```
#!/bin/bash
/bin/df -h |egrep '(9[89]|10.)%'
```

Den är tyst om ingen disk börjar bli full. På Debian/Ubuntu kan den behöva avslutas med en rad med `exit 0`.

Vill du bara kolla vissa filsystem anger du vilka efter `df`, och vill du ha varning tidigare eller senare än 98% så ändrar du regexpen. Detta skript kan givetvis köra som vanlig användare, med en egen rad i användarens crontab. Vill du köra den varje timme kan du lägga den i `/etc/cron.hourly`. Saker som ska köras varje timme, dag, vecka eller månad kan man lägga i de katalogerna, bara gör dem exekverbara så körs de av root vid respektive tidpunkt.

### 18.2.3 kolla_pgrep

Här är ett lite mer avancerat skript som bör specialanpassas lite för varje maskin:

```
#!/bin/bash
dator=zeus
for ps in syslogd klogd sendmail sshd ntpd named \
          dhcpd httpd
do
  if pgrep $ps >/dev/null; then
    :
  else
    echo "$ps kör ej på $dator!"
  fi
done
```

Det kollar så vissa processer finns. Det ska normalt sett vara tyst, och kan vara lämpligt att köra varje timme. Ändra namnet på datorn och listan efter `in` till de tjänster du kör. Utöver de ovan nämnda kan man kolla till exempel postgres och mysqld. Tänk på att processer heter lite olika på olika system, Apache heter ju `httpd` på RH och `apache2` på Debian.

Du bör även kontrollera tjänsterna ”utifrån”, så de svarar på rätt port och ger rätt svar. Men detta lilla skript är ett bra komplement. Några processer som ibland kan ”försvinna” är ntpd (om klockan går för mycket fel) och imap (t.ex. vid tidshopp bakåt).

### 18.2.4 nyttetc

Även det här skriptet är oftast tyst:

```
sudo cat /root/bin/nyttetc
#!/bin/bash
find /etc -mtime -1 |egrep -v '^/etc$'|
  egrep -v '^/etc/prelink.cache$'|
  egrep -v '^/etc/ircd/links.txt$'
```

De flesta filer i `/etc` ändras sällan, så det kan vara bra att få en daglig lista de gånger något har ändrats. Jag brukar köra detta vid 18:00 och det bör köras av root. Det går att luras med mtime, så räkna inte med `nyttetc` som viktig säkerhetskontroll, mer för att se normala förändringar: om någon annan root eller sudoer har ändrat något, om någon har bytt sitt lösenord (`shadow`), uppdateringar, reboot (`mtab`) osv. Du kan behöva anpassa vilka filer den inte ska visa, dessa är bara ett förslag.

### 18.2.5 Talande ping

Med ping kan man kolla om datorer är nåbara, se stycke 6.5 på sidan 51. Ping går att använda på många sätt för driftövervakning, här är ett kombinerat med talsyntes:

```
#!/bin/bash
for d in zeus hera dionysos apollon hermes \
         poseidon einstein.df.lth.se
do
  if ! ping -c5 -w10 $d |
    grep "bytes from" &>/dev/null; then
```

```
    echo "down, down. $d is down"|
      /usr/bin/festival --tts
    echo "$d is down"
  fi
done
```

Man ska alltså köra den på en klient, inte på varje server. För att undvika falsklarm är det bra om man har stabil internetanslutning på den dator där man kör det, och den måste givetvis ha ljudkort och köra något Linuxliknande operativsystem. Jag kör ett liknande skript via cron varje minut på min hemmadator. Begreppet ”tyst skript” blir här bokstavligt. Det händer att jag blir väckt av orden ”down, down. einstein.df.lth.se is down” eller motsvarande för andra datorer (inte de namnen här ovan). Tidigare hade jag $d först i det den säger, men lade till två down för att få lite förvarning när den börjar prata. Den andra echo-satsen som inte pajpas till festival gör att man även får mejl.

Prova gärna att köra `echo datornamn|festival -tts` för dina datorers namn så du får höra om den kan uttala dem. Programmet festival finns i paketet med samma namn på både Red Hat och Debian. En kul bug/feature är att den uttalar .se som dot-south-east, men det är ju början av domännamnet som är mest relevant.

## 18.3 Nagios

Nagios är ett bra system för driftövervakning. Man listar datorer och tjänster och får information om problem via mejl och webbsidor. Nagios hette tidigare NetSaint och har funnits sen 1999.

Första gången som jag installerade Nagios så slog jag ihop alla direktiv till en enda fil, men nu har jag insett fördelarna med att behålla det uppdelat. Man har datornamn i t.ex. `/etc/nagios/objects/datorer.cfg`. Raderna för varje server kan se ut så här:

```
define host{
        use             linux-server
        host_name       www
        address         85.235.7.95
        }
```

Den ärver standardinställningarna för "linux-server", som jag har definierat i filen `templates.cfg`. Dessa rader kan se ut ungefär så här:

```
define host{
        name                        linux-server
        use                         generic-host
        check_period                24x7
        check_interval              5
        retry_interval              1
        max_check_attempts          10
        check_command               check-host-alive
#ao130113 Alltid
#       notification_period         workhours
        notification_interval       120
        notification_options        d,u,r
        contact_groups              admins
#ao130113 lade till grupp
        hostgroups                  linux-servers
        register                    0
        }
```

Det är standardinställningarna, utom för de två som jag kommenterat. Fördelen med att ha en "template" är att du inte behöver upprepa för varje "host".

Varje tjänst som du vill kontrollera lägger du till i din `datorer.cfg`. Även services ärver standardinställningar från `templates.cfg`, med namn som generic-service. En tjänst som kollar ping av alla definierade "hosts" kan se ut så här:

```
define service{
    use                     generic-service
    host_name               *
    service_description     PING
check_command           check_ping!300.0,20%!500.0,60%
    }
```

Och en som kollar HTTP-anrop till två specifika värdar så här:

```
define service{
    use                     generic-service
    host_name               www, einstein.df.lth.se
    service_description     http
    check_command           check_http
    }
```

Varje kommando som du använder vid ”check_command” i service-definitionen måste definieras i `commands.cfg`. Där används ofta plugins som du kan installera med `yum install nagios-plugins-all`. Exempel på rader i `commands.cfg`:

```
# 'check_http' command definition
define command{
    command_name  check_http
command_line $USER1$/check_http -I $HOSTADDRESS$ $ARG1$
        }
# 'check_local_load' command definition
define command{
    command_name  check_local_load
command_line $USER1$/check_load -w $ARG1$ -c $ARG2$
    }
```

Dessa kommandon kan få gränserna för Warning och Critical från service-definitionen. Text efter första ! blir $ARG1$ och det efter nästa utropstecken blir $ARG2$. Se raden med check_ping på förra sidan. Även $HOSTADDRESS$ får sitt rätta värde för varje anrop. Bland alla plugins kan dessa vara lämpliga att börja med att använda: `check_ping`, `check_http`, `check_imap`, `check_smtp` och `check_tcp` (för godtyckliga protokoll och portar). Man kan även kolla status via SNMP, och via SSH kan man köra kommando på respektive server.

Om du vill kolla vilka argument som går att ha till en plugin så kör du t.ex:

```
/usr/lib64/nagios/plugins/check_imap -h
```

Det går även att provköra plugins direkt, innan du lägger in dem i Nagios-konfigurationen.

Bästa sättet att få varningar från Nagios är via mejl. I `contacts.cfg` så ändrar du raden med ”email” till en mejladress till dig, root, ett alias eller en Mailman-lista.

I `timeperiods.cfg` kan du ange vilka tider som det är ok att kontakta, men jag kör med 24x7 för alla.

Vid nyinstallation av Nagios bör du börja med att kolla och ändra i `nagios.cfg` Bland annat lägga till

cfg_file=/etc/nagios/objects/datorer.cfg

Filen `nagios.cfg` är väl dokumenterad, och standardvärdena brukar fungera bra. I `cgi.cfg` bör du ändra till en annan användare i authorized_for_all_services= och authorized_for_all_hosts=

I figur 18.1 kan du se hur Nagios kan se ut.

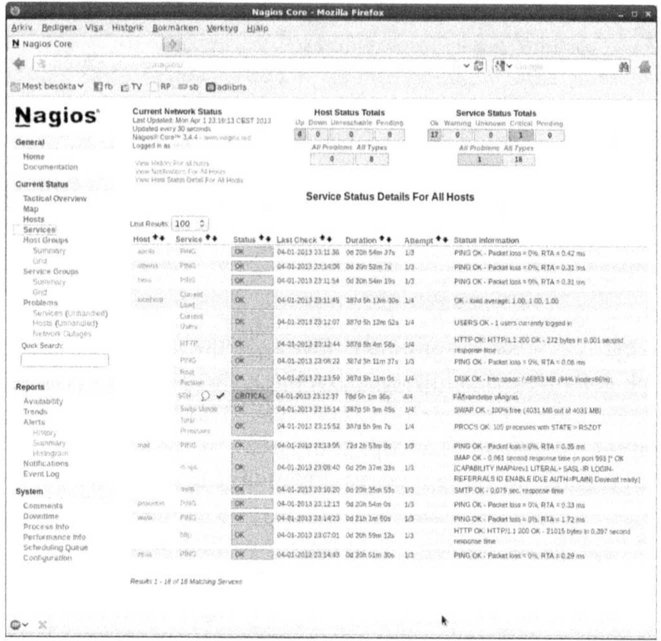


Figur 18.1: *Nagios*

## 18.4 Lästips

En grundläggande, men lite föråldrad, bok om Nagios är
Wolfgang Barth (2006), *Nagios*. No Starch Press
Nyare, men ganska avancerad, är
Schubert et al (2008), *Nagios 3 Enterprise Network Monitoring*. Syngress.

# Bilaga A

# Tack

Det är många som jag vill tacka: Per Foreby för grundlig genomläsning och konstruktiv kritik. Min handledare Claes-Göran Holmberg och medbedömare Kristina Hård på Lunds universitets författarskola, liksom alla kurskamrater och andra lärare där, särskilt kandidatuppsatsopponenten Helen Hartelius.

Alla på df.lth.se, speciellt Tobias Lundquist som läste och kommenterade. Kollegor på nuvarande och tidigare jobb, särskilt Bert Gustavsson för genomläsning och felhittande. Förstås tack till min familj, speciellt mamma. Min förläggare Tobias Hagberg på HME Publishing har läst korrektur och diskuterat innehåll. Thomas Fels som har ritat bilderna på sidorna 25, 33, 75 och 89.

Bilderna på sidorna 5, 59, 140 och 141 är från Wikipedia med GFDL.

Ett postumt tack till Jan Sevelin som var den första som anställde mig som administratör. Vi lärde varandra mycket.

Men alla kvarvarande fel, tveksamheter och språkliga egenheter i boken är mina egna.

# Bilaga B

# Litteraturlista


- Aitchison, Ron (2005) *Pro DNS and BIND*: Apress
- Andreasson, Oskar. *Iptables Tutorial http://www.frozentux.net/documents/iptables-tutorial/*
- Barski, Conrad (2010). *Land of Lisp*: No Starch Press
- Barth, Wolfgang (2006). *Nagios*: No Starch Press
- Cameron, Debra & Rosenblatt, Bill & Elliot, James (2004). *Learning GNU Emacs*: O'Reilly
- Christiansen, Tom & D Foy, Brian & Wall, Larry (2012) *Programming Perl* 4th ed: O'Reilly
- Christiansen, Tom & Torkington, Nathan (2003). *Perl Cookbook*: O'Reilly
- Comer, Douglas E. (2005). *Internetworking with TCP/IP*: Addison-Wesley
- Dhanjani, Rios & Hardin. (2009). *Hacking The Next Generation*: O'Reilly
- Fall, Kevin R. & Stevens, W Richard. (2011). *TCP/IP Illustrated*: Addison-Wesley
- Hagberg, Tobias (2010). *Effektivare Linux* andra upplagan: HME Publishing

- Kernighan, Brian & Pike, Rob (1984). *The Unix Programming Environment*: Prentice Hall
- Kernighan, Brian & Ritchie, Dennis (1988). *The C Programming Language*: Prentice Hall
- Kernighan, Brian (2011). *D is for Digital*: DisforDigital.com
- Kihl, Maria (2006). *Datakommunikation : en inledande Översikt*: Studentlitteratur, Häftad 2006, e-bok 2010.
- Kihl, Maria & Andersson, Jens A. (2008). *Internet*: Studentlitteratur
- Liu, Cricket & Albitz, Paul (2006). *DNS and BIND*: O'Reilly
- Nemeth et al. (2010). *Unix and Linux System Administration Handbook*: Prentice Hall
- Negus, Cristopher (2007). *Fedora Linux Toolbox*: Wiley
- Negus, Cristopher & Caen, Francois (2008). *BSD UNIX Toolbox*: Wiley
- Negus, Cristopher & Caen, Francois (2007). *Ubuntu Linux Toolbox*: Wiley
- Nilsson, Jesper (2012). *Ubuntuboken* andra upplagan: HME Publishing
- Purdy, G.N. (2004). *Linux iptables Pocket Reference*: O'Reilly
- Robbins, Arnold & Elbert, Hannah & Lamb, Linda (2008). *Learning the vi and Vim Editors*: O'Reilly
- Salus, Peter (1994). *A Quarter Century of UNIX*: Addison-Wesley
- Schubert et al (2008). *Nagios 3 Enterprise Network Monitoring*: Syngress
- Schwartz, Randal L. & D Foy, Brian & Phoenix, Tom (2011) *Learning Perl* 6th ed.: O'Reilly
- Skansholm, Jan (2012). *Java – steg för steg*: Studentlitteratur

- Stroustrup, Bjarne. (1997). *The C++ Programming Language*: Addison-Wesley
- Suehring, S & Ziegler, R.L. (2006). *Linux Firewalls*: Pearson Education
- Turnbull, James. (2005). *Hardening Linux*: O'Reilly
- Walleij, Linus (2006). *Att använda Linux och GNU* andra upplagan: Studentlitteratur

# Bilaga C

# GNU Free Documentation License



## Preamble

The purpose of this License is to make a manual, textbook, or other functional and useful document "free" in the sense of freedom: to assure everyone the effective freedom to copy and redistribute it, with or without modifying it, either commercially or noncommercially. Secondarily, this License preserves for the author and publisher a way to get credit for their work, while not being considered responsible for modifications made by others.

This License is a kind of "copyleft", which means that derivative works of the document must themselves be free in the same sense. It complements the GNU General Public License, which is a copyleft license designed for free software.

We have designed this License in order to use it for manuals for free software, because free software needs free documentation: a free program should come with manuals providing the same freedoms that the software does. But this License is not limited to software manuals; it can be used for any textual work, regardless of subject matter or whether it is published as a printed book. We recommend this License principally for works whose purpose is instruction or reference.

# 1. APPLICABILITY AND DEFINITIONS

This License applies to any manual or other work, in any medium, that contains a notice placed by the copyright holder saying it can be distributed under the terms of this License. Such a notice grants a world-wide, royalty-free license, unlimited in duration, to use that work under the conditions stated herein. The "**Document**", below, refers to any such manual or work. Any member of the public is a licensee, and is addressed as "**you**". You accept the license if you copy, modify or distribute the work in a way requiring permission under copyright law.

A "**Modified Version**" of the Document means any work containing the Document or a portion of it, either copied verbatim, or with modifications and/or translated into another language.

A "**Secondary Section**" is a named appendix or a front-matter section of the Document that deals exclusively with the relationship of the publishers or authors of the Document to the Document's overall subject (or to related matters) and contains nothing that could fall directly within that overall subject. (Thus, if the Document is in part a textbook of mathematics, a Secondary Section may not explain any mathematics.) The relationship could be a matter of historical connection with the subject or with related matters, or of legal, commercial, philosophical, ethical or political position regarding them.

The "**Invariant Sections**" are certain Secondary Sections whose titles are designated, as being those of Invariant Sections, in the notice that says that the Document is released under this License. If a section does not fit the above definition of Secondary then it is not allowed to be designated as Invariant. The Document may contain zero Invariant Sections. If the Document does not identify any Invariant Sections then there are none.

The "**Cover Texts**" are certain short passages of text that are listed, as Front-Cover Texts or Back-Cover Texts, in the notice that says that the Document is released under this License. A Front-Cover Text may be at most 5 words, and a Back-Cover Text may be at most 25 words.

A "**Transparent**" copy of the Document means a machine-readable copy, represented in a format whose specification is available to the general public, that is suitable for revising the document straightforwardly with generic text editors or (for images composed of pixels) generic paint programs or (for drawings) some widely available drawing editor, and that is suitable for input to text formatters or for automatic translation to a variety of formats suitable for input to text formatters. A copy made in an otherwise Transparent file format whose markup, or absence of markup, has been arranged to thwart or discourage subsequent modification by readers is not Transparent. An image format is not Transparent if used for any substantial amount of text. A copy that is not "Transparent" is called "**Opaque**".

Examples of suitable formats for Transparent copies include plain ASCII without markup, Texinfo input format, LaTeX input format, SGML or XML using a publicly available DTD, and standard-conforming simple HTML, PostScript or PDF designed for human modification. Examples of transparent image formats include PNG, XCF and JPG. Opaque formats include proprietary formats that can be read and edited only by proprietary word processors, SGML or XML for which the DTD and/or processing tools are not generally available, and the machine-generated HTML, PostScript or PDF produced by some word processors for output purposes only.

The "**Title Page**" means, for a printed book, the title page itself, plus such following pages as are needed to hold, legibly, the material this License requires to appear in the title page. For works in formats which do not have any title page as such, "Title Page" means the text near the most prominent appearance of the work's title, preceding the beginning of the body of the text.

The "**publisher**" means any person or entity that distributes copies of the Document to the public.

A section "**Entitled XYZ**" means a named subunit of the Document whose title either is precisely XYZ or contains XYZ in parentheses following text that translates XYZ in another language. (Here XYZ stands for a specific section name mentioned below, such as "**Acknowledgements**", "**Dedications**", "**Endorsements**", or "**History**".) To "**Preserve the Title**" of such a section when you modify the Document means that it remains a section "Entitled XYZ" according to this definition.

The Document may include Warranty Disclaimers next to the notice which states that this License applies to the Document. These Warranty Disclaimers are considered to be included by reference in this License, but only as regards disclaiming warranties: any other implication that these Warranty Disclaimers may have is void and has no effect on the meaning of this License.

# 2. VERBATIM COPYING

You may copy and distribute the Document in any medium, either commercially or noncommercially, provided that this License, the copyright notices, and the license notice saying this License applies to the Document are reproduced in all copies, and that you add no other conditions whatsoever to those of this License. You may not use technical measures to obstruct or control the reading or further copying of the copies you make or distribute. However, you may accept compensation in exchange for copies. If you distribute a large enough number of copies you must also follow the conditions in section 3.

You may also lend copies, under the same conditions stated above, and you may publicly display copies.

# 3. COPYING IN QUANTITY

If you publish printed copies (or copies in media that commonly have printed covers) of the Document, numbering more than 100, and the Document's license notice requires Cover Texts, you must enclose the copies in covers that carry, clearly and legibly, all these Cover Texts: Front-Cover Texts on the front cover, and Back-Cover Texts on the back cover. Both covers must also clearly and legibly identify you as the publisher of these copies. The front cover must present the full title with all words of the title equally prominent and visible. You may add other material on the covers in addition. Copying with changes limited to the covers, as long as they preserve the title of the Document and satisfy these conditions, can be treated as verbatim copying in other respects.

If the required texts for either cover are too voluminous to fit legibly, you should put the first ones listed (as many as fit reasonably) on the actual cover, and continue the rest onto adjacent pages.

If you publish or distribute Opaque copies of the Document numbering more than 100, you must either include a machine-readable Transparent copy along with each Opaque copy, or state in or with each Opaque copy a computer-network location from which the general network-using public has access to download using public-standard network protocols a complete Transparent copy of the Document, free of added material. If you use the latter option, you must take reasonably prudent steps, when you begin distribution of Opaque copies in quantity, to ensure that this Transparent copy will remain thus accessible at the stated location until at least one year after the last time you distribute an Opaque copy (directly or through your agents or retailers) of that edition to the public.

It is requested, but not required, that you contact the authors of the Document well before redistributing any large number of copies, to give them a chance to provide you with an updated version of the Document.

# 4. MODIFICATIONS

You may copy and distribute a Modified Version of the Document under the conditions of sections 2 and 3 above, provided that you release the Modified Version under precisely this License, with the Modified Version filling the role of the Document, thus licensing distribution and modification of the Modified Version to whoever possesses a copy of it. In addition, you must do these things in the Modified Version:

A. Use in the Title Page (and on the covers, if any) a title distinct from that of the Document, and from those of previous versions (which should, if there were any, be listed in the History section of the Document). You may use the same title as a previous version if the original publisher of that version gives permission.

B. List on the Title Page, as authors, one or more persons or entities responsible for authorship of the modifications in the Modified Version, together with at least five of the principal authors of the Document (all of its principal authors, if it has fewer than five), unless they release you from this requirement.

C. State on the Title page the name of the publisher of the Modified Version, as the publisher.

D. Preserve all the copyright notices of the Document.

E. Add an appropriate copyright notice for your modifications adjacent to the other copyright notices.

F. Include, immediately after the copyright notices, a license notice giving the public permission to use the Modified Version under the terms of this License, in the form shown in the Addendum below.

G. Preserve in that license notice the full lists of Invariant Sections and required Cover Texts given in the Document's license notice.

H. Include an unaltered copy of this License.

I. Preserve the section Entitled "History", Preserve its Title, and add to it an item stating at least the title, year, new authors, and publisher of the Modified Version as given on the Title Page. If there is no section Entitled "History" in the Document, create one stating the title, year, authors, and publisher of the Document as given on its Title Page, then add an item describing the Modified Version as stated in the previous sentence.

J. Preserve the network location, if any, given in the Document for public access to a Transparent copy of the Document, and likewise the network locations given in the Document for previous versions it was based on. These may be placed in the "History" section. You may omit a network location for a work that was published at least four years before the Document itself, or if the original publisher of the version it refers to gives permission.

K. For any section Entitled "Acknowledgements" or "Dedications", Preserve the Title of the section, and preserve in the section all the substance and tone of each of the contributor acknowledgements and/or dedications given therein.

L. Preserve all the Invariant Sections of the Document, unaltered in their text and in their titles. Section numbers or the equivalent are not considered part of the section titles.

M. Delete any section Entitled "Endorsements". Such a section may not be included in the Modified Version.

N. Do not retitle any existing section to be Entitled "Endorsements" or to conflict in title with any Invariant Section.

O. Preserve any Warranty Disclaimers.

If the Modified Version includes new front-matter sections or appendices that qualify as Secondary Sections and contain no material copied from the Document, you may at your option designate some or all of these sections as invariant. To do this, add their titles to the list of Invariant Sections in the Modified Version's license notice. These titles must be distinct from any other section titles.

You may add a section Entitled "Endorsements", provided it contains nothing but endorsements of your Modified Version by various parties—for example, statements of peer review or that the text has been approved by an organization as the authoritative definition of a standard.

You may add a passage of up to five words as a Front-Cover Text, and a passage of up to 25 words as a Back-Cover Text, to the end of the list of Cover Texts in the Modified Version. Only one passage of Front-Cover Text and one of Back-Cover Text may be added by (or through arrangements made by) any one entity. If the Document already includes a cover text for the same cover, previously added by you or by arrangement made by the same entity you are acting on behalf of, you may not add another; but you may replace the old one, on explicit permission from the previous publisher that added the old one.

The author(s) and publisher(s) of the Document do not by this License give permission to use their names for publicity for or to assert or imply endorsement of any Modified Version.

# 5. COMBINING DOCUMENTS

You may combine the Document with other documents released under this License, under the terms defined in section 4 above for modified versions, provided that you include in the combination all of the Invariant Sections of all of the original documents, unmodified, and list them all as Invariant Sections of your combined work in its license notice, and that you preserve all their Warranty Disclaimers.

The combined work need only contain one copy of this License, and multiple identical Invariant Sections may be replaced with a single copy. If there are multiple Invariant Sections with the same name but different contents, make the title of each such section unique by adding at the end of it, in parentheses, the name of the original author or publisher of that section if known, or else a unique number. Make the same adjustment to the section titles in the list of Invariant Sections in the license notice of the combined work.

In the combination, you must combine any sections Entitled "History" in the various original documents, forming one section Entitled "History"; likewise combine any sections Entitled "Acknowledgements", and any sections Entitled "Dedications". You must delete all sections Entitled "Endorsements".

# 6. COLLECTIONS OF DOCUMENTS

You may make a collection consisting of the Document and other documents released under this License, and replace the individual copies of this License in the various documents with a single copy that is included in the collection, provided that you follow the rules of this License for verbatim copying of each of the documents in all other respects.

You may extract a single document from such a collection, and distribute it individually under this License, provided you insert a copy of this License into the extracted document, and follow this License in all other respects regarding verbatim copying of that document.

# 7. AGGREGATION WITH INDEPENDENT WORKS

A compilation of the Document or its derivatives with other separate and independent documents or works, in or on a volume of a storage or distribution medium, is called an "aggregate" if the copyright resulting from the compilation is not used to limit the legal rights of the compilation's users beyond what the individual works permit. When the Document is included in an aggregate, this License does not apply to the other works in the aggregate which are not themselves derivative works of the Document.

If the Cover Text requirement of section 3 is applicable to these copies of the Document, then if the Document is less than one half of the entire aggregate, the Document's Cover Texts may be placed on covers that bracket the Document within the aggregate, or the electronic equivalent of covers if the Document is in electronic form. Otherwise they must appear on printed covers that bracket the whole aggregate.

# 8. TRANSLATION

Translation is considered a kind of modification, so you may distribute translations of the Document under the terms of section 4. Replacing Invariant Sections with translations requires special permission from their copyright holders, but you may include translations of some or all Invariant Sections in addition to the original versions of these Invariant Sections. You may include a translation of this License, and all the license notices in the Document, and any Warranty Disclaimers, provided that you also include the original English version of this License and the original versions of those notices and disclaimers. In case of a disagreement between the translation and the original version of this License or a notice or disclaimer, the original version will prevail.

If a section in the Document is Entitled "Acknowledgements", "Dedications", or "History", the requirement (section 4) to Preserve its Title (section 1) will typically require changing the actual title.

# 9. TERMINATION

You may not copy, modify, sublicense, or distribute the Document except as expressly provided under this License. Any attempt otherwise to copy, modify, sublicense, or distribute it is void, and will automatically terminate your rights under this License.

However, if you cease all violation of this License, then your license from a particular copyright holder is reinstated (a) provisionally, unless and until the copyright holder explicitly and finally terminates your license, and (b) permanently, if the copyright holder fails to notify you of the violation by some reasonable means prior to 60 days after the cessation.

Moreover, your license from a particular copyright holder is reinstated permanently if the copyright holder notifies you of the violation by some reasonable means, this is the first time you have received notice of violation of this License (for any work) from that copyright holder, and you cure the violation prior to 30 days after your receipt of the notice.

Termination of your rights under this section does not terminate the licenses of parties who have received copies or rights from you under this

License. If your rights have been terminated and not permanently reinstated, receipt of a copy of some or all of the same material does not give you any rights to use it.

## 10. FUTURE REVISIONS OF THIS LICENSE

The Free Software Foundation may publish new, revised versions of the GNU Free Documentation License from time to time. Such new versions will be similar in spirit to the present version, but may differ in detail to address new problems or concerns. See http://www.gnu.org/copyleft/.

Each version of the License is given a distinguishing version number. If the Document specifies that a particular numbered version of this License "or any later version" applies to it, you have the option of following the terms and conditions either of that specified version or of any later version that has been published (not as a draft) by the Free Software Foundation. If the Document does not specify a version number of this License, you may choose any version ever published (not as a draft) by the Free Software Foundation. If the Document specifies that a proxy can decide which future versions of this License can be used, that proxy's public statement of acceptance of a version permanently authorizes you to choose that version for the Document.

## 11. RELICENSING

"Massive Multiauthor Collaboration Site" (or "MMC Site") means any World Wide Web server that publishes copyrightable works and also provides prominent facilities for anybody to edit those works. A public wiki that anybody can edit is an example of such a server. A "Massive Multiauthor Collaboration" (or "MMC") contained in the site means any set of copyrightable works thus published on the MMC site.

"CC-BY-SA" means the Creative Commons Attribution-Share Alike 3.0 license published by Creative Commons Corporation, a not-for-profit corporation with a principal place of business in San Francisco, California, as well as future copyleft versions of that license published by that same organization.

"Incorporate" means to publish or republish a Document, in whole or in part, as part of another Document.

An MMC is "eligible for relicensing" if it is licensed under this License, and if all works that were first published under this License somewhere other than this MMC, and subsequently incorporated in whole or in part into the MMC, (1) had no cover texts or invariant sections, and (2) were thus incorporated prior to November 1, 2008.

The operator of an MMC Site may republish an MMC contained in the site under CC-BY-SA on the same site at any time before August 1, 2009, provided the MMC is eligible for relicensing.

# ADDENDUM: How to use this License for your documents

To use this License in a document you have written, include a copy of the License in the document and put the following copyright and license notices just after the title page:

> Copyright © YEAR YOUR NAME. Permission is granted to copy, distribute and/or modify this document under the terms of the GNU Free Documentation License, Version 1.3 or any later version published by the Free Software Foundation; with no Invariant Sections, no Front-Cover Texts, and no Back-Cover Texts. A copy of the license is included in the section entitled "GNU Free Documentation License".

If you have Invariant Sections, Front-Cover Texts and Back-Cover Texts, replace the "with . . . Texts." line with this:

> with the Invariant Sections being LIST THEIR TITLES, with the Front-Cover Texts being LIST, and with the Back-Cover Texts being LIST.

If you have Invariant Sections without Cover Texts, or some other combination of the three, merge those two alternatives to suit the situation.

If your document contains nontrivial examples of program code, we recommend releasing these examples in parallel under your choice of free software license, such as the GNU General Public License, to permit their use in free software.

# Sakregister

www.ingramcontent.com/pod-product-compliance
Lightning Source LLC
LaVergne TN
LVHW010431230826
846092LV00009BA/1123

* 9 7 8 9 1 8 6 8 4 1 5 7 7 *